Christina Strasser

Tausche Dreitagebart gegen Lippenstift

Mein Weg zur Frau

Leykam

Coverbild: © Heinz Mitteregger
Umschlaggestaltung: nach einem Entwurf von Alexandra Knor
Gesamtherstellung: Leykam Buchverlag

ISBN 978-3-7011-7945-9
www.leykamverlag.at

Vorwort

Wer von Ihnen, werte Leserin und werter Leser, kann sich vorstellen, der eigene Körper wäre in all seinen Funktionen nicht der, den man eigentlich fühlt? Nun ist die Natur nicht zimperlich, biologische und genetische Codes formen das neue Menschenwesen nach genauem Muster und Erbinformationen zu einem Fleischkonstrukt – doch was ist mit der Seele, die in dieses Haus zieht? Welches Muster ist dafür zuständig, dass dieser göttliche Funke, der fühlt und atmet, als weiches weibliches, hartes männliches, hartes weibliches oder weiches männliches Bewusstsein auch den entsprechenden Körper erhält, der ihr oder ihm Werkzeug zum Leben und Überleben sein möge – ein Leben lang?

Die Möglichkeiten der heutigen Chirurgie sind bloß (aber zum Glück!) Möglichkeiten, den fleischlichen/menschlichen Körper an den Inhalt der menschlichen Seele anzupassen. Aber der Schmerz mag bleiben, Heimatlosigkeit und Verwirrung kann man nicht „wegoperieren".

Christina ist eine Menschenseele mit so viel Herz und Zartheit, sie ist schüchtern und stark in gleichem Maße, sie trotzt all den schwarzen Phasen, in denen sie nicht mehr daran glauben kann, jemals als das, was sie ist, geliebt zu werden.

Christina ist ein Mensch, der mich rettet, weil sie mir den Glauben an die Liebe zurückgibt, weil sie da ist, weil sie für alle anderen, die sie in ihr Leben lässt, stark ist.

Ich wünsche mir von Herzen, dass dieses seltene Wesen auf unserer – oft verdammt lieblosen, egozentrischen und verurteilenden – Welt auch für sich selbst stark sein kann, nicht untergeht, sich selbst so lieben kann, wie sie ist – und wie so viele andere sie aus tiefstem Herzen lieben, die sie kennenlernen durften und dürfen.

Liebe Freunde,
unsere Christina lächelt (für uns), auch wenn ihr Schmerz gerade groß ist, und ist für jede und jeden von uns da, selbst wenn sie schon nichts mehr zu geben hat. Achten wir auf sie – denn wenn unsere Achtsamkeit für dieses zauberhafte, liebende Wesen verebbt, werden wir sie verlieren. Sie braucht uns, wie wir sie noch viel mehr brauchen. Sie lehrt uns, die Liebe neu zu erfassen – kein Mensch, den ich kenne, liebt so sich selbst auflösend wie sie. Sie ist mutig, stolz und so zerbrechlich. Sie heilt uns durch ihre Tapferkeit und ihr zärtliches Herz.

Es ist einerlei, in welchem Körper du wohnst – du bist für mich eine Botschafterin für Liebe, Mitgefühl, Verständnis und Toleranz.

Liebe Christina, Prinzessin,
hör nicht auf zu glauben und hör nicht auf zu kämpfen. Ich brauche dich, und ich liebe dich – die Welt wäre dumm, es mir nicht gleich zu tun.

In großer Dankbarkeit für deine Freundschaft, dein mütterliches, nährendes Sein, deine Kreativität, deine Liebe und deinen Mut in dieser oft so kalten und blinden Welt.

In tiefer Verbundenheit,
deine Claudia

Die Autorin

Die Geschichte meiner Transsexualität durchläuft alle Phasen meines Lebens, die ich dafür als wichtig und richtig empfinde. Manche mögen für Außenstehende kaum beachtenswert sein, für mich sind sie die Eckpunkte und Meilensteine meines Weges bis hin zu meiner Geschlechtsanpassung und auch noch danach.

Eines muss ich ganz besonders betonen:

Ein so einschneidender Prozess kann niemals nur ein Honiglecken sein. Es bedarf einer großen Menge an Selbstbewusstsein und – das ist wohl der wichtigste Motivationsgrund – eines enormen Leidensdrucks, sich freiwillig diesen Strapazen und auch Anfeindungen auszusetzen.

Im Laufe meiner Anpassung sollte ich viele meiner „guten alten Freunde", aber auch Verwandte „verlieren". Dies schmerzt und stellt in Zeiten psychischer Belastung ein beinahe unüberwindliches Hindernis dar. Doch wer offen bleibt und es zulässt, wird auch neue Freunde gewinnen; Mitstreiter, die zumindest einen Teil des Weges mit dir mitgehen und dich oftmals tragen.

Dieses Buch gibt Auskunft über meine Sorgen und Ängste, die mich beinahe in den Tod getrieben haben. Ich schreibe ungeschönt und auch so hart, wie ich es empfunden habe. Der Weg ist ein steiler und steiniger. Doch das Ergebnis, die Rückmeldungen geben mir Recht.

Neben der Entscheidung für meine Frau war das Beschreiten meiner Geschlechtsanpassung die wohl richtigste und beste Entscheidung meines Lebens.

Alle im Buch angeführten Abläufe, gesetzlichen Forderungen und Vorgaben beziehen sich auf den Zeitraum meiner Anpassung, beginnend von 2011 bis Ende 2013. Der gesetzliche sowie medizinische Weg ist ständig in Bewegung, so beruhen meine Angaben ausschließlich auf den Bedingungen, die mir zum

damaligen Zeitpunkt vorgegeben und vorgeschrieben waren. Dies bezieht sich vor allem auf Fristen, Befundungen, notwendige Gutachten und dergleichen.
Ich wünsche mir, dass mit diesem Buch ein Leitfaden für alle Betroffen vorliegt, mit dem man sich schon im Vorfeld und während des Prozesses über das informieren kann, was auf einen zukommen könnte. Für alle anderen erhoffe ich mir, dass es durch meine Zeilen gelingen möge, ein wenig mehr Toleranz und Verständnis für „Anderslebende" in unsere Gesellschaft zu bringen.

Schon Häuptling Seattle schreibt im Jahre 1877 an den Weißen Mann: „Am Ende sind wir alle Brüder, und niemand kann seiner Bestimmung entgehen."

Unsere Bestimmung ist ganz sicher nicht, über andere zu urteilen, sondern für ein gemeinsames Miteinander zu sorgen.
Dazu können wir ALLE unseren kleinen Betrag beisteuern.

Christina Strasser, Jänner 2015

Mai 2014

02:00 Uhr morgens:
Meine Augen öffnen sich, und ich starre ins Dunkel. Durch die geschlossenen Fensterläden schimmert leicht das kaltweiße Licht der Straßenlaterne. Weit entfernt kann man das leise Bellen eines Hundes hören, der sich über die nächtliche Ankunft seines Herrchens freut. Einmal noch wälze ich mich auf die linke Seite und versuche meinen Schlaf festzuhalten. Im Rücken spüre ich den Atem meiner Frau. Er streicht über meine Schultern, und doch ... ich kann nicht mehr einschlafen. Ich stehe auf, auch oder gerade weil ich Margit nicht um ihren Schlaf bringen möchte. Ein kurzer Weg bis zur Toilette und dann ins Bad. Das kalte Wasser kühlt meine Stirn und schwemmt den leicht verschwitzten Duft weg, der sich mit dem Geruch unseres neuen Waschmittels – Lavendel – vermengt. Tropfen laufen über meine Wangen und fallen tief ins Waschbecken, bis sie mit einem leicht verzögerten Klatschen aufplatzen und sich den Weg in den Abfluss suchen. Ein letzter Blick in den Spiegel ringt mir ein Lachen ab. Ich drehe mich zur Seite, erst nach links, dann nach rechts. „Wird langsam Zeit, dass die Hormontherapie endlich Wirkung zeigt“. Ein wenig eingebildet über das Anwachsen meiner Brüste, schleiche ich an der Schlafzimmertür vorbei. Ganz leicht und leise vernehme ich noch das Schnaufen meiner Frau, gleichmäßig, ruhig.
Ein Stock höher. Unsere Küche liegt schräg oberhalb des Schlafzimmers. Der erste Weg führt mich wie immer zur Kaffeemaschine. Frühstück = Minimalismus pur: Kaffee schwarz, ohne Milch, ohne Zucker. Einfach nackt, so nackt, wie ich gerade eben bin. Kaffee! Ohne geht’s nicht.
Die heiße Brühe sackt in meinen Magen, und Wohlgefühl macht sich breit. Die Nase ist voll vom Duft der frischen Kaffeebohnen.

Schon allein der Geruch würde meine Abhängigkeit von Kaffee rechtfertigen.
Meine Medikamente liegen schluckfertig in einem Schüsselchen, das ich bereits am Vorabend hergerichtet habe. Den Blutdruck habe ich noch immer nicht ganz in Griff bekommen, und obwohl ich glaube, nicht so ungesund zu leben, muss ich nach wie vor diese Tabletten schlucken, um innerlich nicht zu explodieren.
Bluthochdruck – ein „Geschenk" meiner Mutter.
Zurück ins untere Geschoss.
Meine weißen Bartstoppeln bohren sich noch immer durch meine Haut. Gerade am Kinn, knapp unterhalb der Lippe, sind sie trotz Hormonbehandlung und Lasertherapie noch immer nicht vollständig verschwunden. Ich nehme meinen Trockenrasierer. Die Prozedur ist Gott sei Dank nur von kurzer Dauer, und nach längstens zwei Minuten widme ich mich dem Reinigen meiner Zähne.
Danach folgt das Langwierigste.
Rein unter die Dusche. Das Wasser tränkt meine Haare und zieht meine Locken in die Länge, sodass sie gerade wie Schnittlauch sind. Erst jetzt bemerke ich, wie lang sie in der Zwischenzeit geworden sind. Mit gerade zwei Zentimetern habe ich begonnen, sie wachsen zu lassen, heute, knapp zwei Jahre später, erreichen sie längst meine Schultern.
Abfrottieren, Fönschaum.
Kopfüber lässt der warme Wind des Föns Locke für Locke wieder zusammenspringen, und nach rund zehn Minuten ist mein Wuschelkopf so, wie er am Vorabend noch gewesen ist. Noch einmal lasse ich das Wasser für einige Sekunden aus dem Hahn rinnen, bis es total kalt ist, bevor ich meine Hände zu einer Schüssel forme und darin mein Gesicht eintauche. Die vom Rasieren gereizte Haut freut sich über das kühle Nass. Ich nähere mein Gesicht dem Spiegel. Die blassfahle Farbe der Nacht ist

gewichen. Meine Kurzsichtigkeit lässt einen scharfen Blick nicht zu, und da seit einigen Jahren auch noch die „Altersweitsichtigkeit“ dazukommt, muss ich meine Brille abnehmen, um die vom Rasierer übrig gelassenen Barthaare mittels Pinzette ausreißen zu können.
Den leichten Schmerz spüre ich kaum noch, zu sehr habe ich mich an diese tägliche Prozedur gewöhnt. Ich öffne den Badezimmerschrank und hole mein Make-up hervor. Im Sommer darf es ruhig um eine Nuance dunkler sein.
Ich drücke ein wenig von der braunen Masse aus der Flasche auf meine Hand und verteile sie sorgfältig über das ganze Gesicht. Keine Stelle wird ausgelassen. Der Konturenstift hebt meine faconierten Augenbrauen hervor, an denen ich am Vorabend noch den „Wildwuchs“ ausgezupft habe.
Lidschatten, Wimperntusche – und meine Augen strahlen.
Seit meiner Geschlechtsanpassung vor nunmehr eineinhalb Jahren habe ich endlich meine innere Ruhe gefunden. Eine Ruhe, von der ich nie geglaubt hatte, sie jemals zu finden.

„Wach auf. Hallo, ich bin bei dir. Komm, wach doch auf!“
Langsam verziehen sich die Schleier vor meinen Augen. Meine Frau schaut mich mit verzweifeltem Blick an und fragt, was ich denn geträumt hätte. Noch schlaftrunken stammle ich irgendetwas Unverständliches. Margit drückt mich an sich und fährt mir mit den Fingern durch die Haare. Nach und nach sehe ich die Einzelheiten meines Traumes wie in einem Film ablaufen.

Ein finsterer Gang.
Am Ende ein lichter, hell strahlender Raum.
Verängstigt vom düsteren, grauen, engen Gang beginne ich zu laufen, immer schneller und schneller. Ich wage nicht, mich umzudrehen, doch sie sind hinter mir. Ich höre sie immer näher kommen, die Schritte und das Klappern ihrer Schuhe sind beinahe greifbar. Ich muss sie abhängen, muss sie loswerden. Ein kurzer Blick zurück über meine Schulter.
Fratzen, grässliche, schwarze Fratzen.
Sie greifen nach mir, noch können sie mich nicht erreichen, doch ich nehme ihren modrigen Geruch wahr. Ich muss schneller sein, mache zwei, drei große Schritte. Ein weiterer verliert sich im Nichts. Ich falle. Immer tiefer und tiefer. Meine Augen starren wie Scheinwerfer eines Autos in die dunkle Nacht, und doch kann ich nichts sehen. Ich bin wie gelähmt, kann nicht mehr atmen, mich nicht mehr bewegen. Kein Halt bietet sich an, kein Seil, keine …

Margit hält meinen Kopf in ihren Händen und flüstert: „Ich bin bei dir, Helmut, ich bin da, da bei dir."
Das Schwarz des Gangs ist verschwunden, fast grell erleuchtet ist der Flur. Wie Lakritze glänzt der Boden in seinem tiefen Schwarz. Durch das Fenster brechen die ersten Sonnenstrahlen und zeichnen Schatten unseres Ahorns vom Balkon an die Wand.
So klein und beinahe zerbrechlich ist er gewesen, als ich ihn gekauft habe. Heute ist er ein richtig stattlicher Baum. Margit und ich haben beschlossen, ihn nicht zurückzuschneiden.
Da fällt mir eine Geschichte ein, die ich als Fünfzehnjähriger geschrieben habe. Ich erinnere mich, wie traurig ich damals gewesen bin. Aus einer Schublade hole ich mein Tagebuch und lese meine damaligen Gedanken Margit vor.

*Ich bin ein Baum,
ich bin sogar ein besonders schöner Baum. Da stehe ich nun.
Wenn man mich aus der Weite sieht, dann ist meine Baumkrone einfach schön geformt. Verglichen mit einer Frau, hätte ich ganz bestimmt die Maße 90/60/90.
Wie schon gesagt, ich bin ein ganz besonders schöner Baum! Meine Geschichte beginnt mit der Liebe zweier Menschen.
Wie durch Zufall haben sie sich getroffen und ineinander verliebt. Es ist eine besondere Liebe, eine, die auf ewig halten soll, und als sie zusammenziehen, beschließen sie, einen Baum als Zeichen ihrer ewigen Liebe in ihrem Gärtchen zu pflanzen. Daher fährt der Mann in eine Baumschule und sucht sich mich aus: einen ziemlich erfolgversprechenden, jungen und kräftigen Baum.
Ich werde aus meiner warmen Umgebung herausgerissen und in diesen kalten Garten gesetzt. Englischer Rasen, kein einziges Gänseblümchen. Unkraut? Schon gar nicht.
Jeden Abend stehen die beiden an ihrem Wohnzimmerfenster und schauen mich an. Es tut gut, beachtet zu werden, und weil es so schön ist, strenge ich mich mit aller Kraft an, größer, stärker und schöner zu werden.
Da höre ich die beiden reden:
„Schau, Frau, unser Bäumchen, das schießt doch viel zu schnell in die Höhe. Die Äste in der Mitte der Krone wirken ja, als wollten sie in den Himmel greifen.“
„Ja“, sagt die Frau, „das ist nicht brav von unserem Bäumchen, so wird aus ihm nie ein schöner Baum werden. Geh in die Scheune, hol die Schere und schneide ihn zurecht.“
Und der Mann geht, holt die Schere und schneidet mir meine schönsten, besonders langen Zweige ab.
Ich verstehe die Welt nicht mehr. Ich habe mich doch nur*

der Sonne entgegengestreckt, und so schön sind meine Blätter geworden. Jetzt stehe ich da mit meinen gekürzten Stummel-Ästchen. Die beiden aber blicken Hand in Hand aus dem Fenster zu mir, küssen einander und meinen: „Ist es nicht schön, unser Bäumchen?“
Meine Äste werden stärker und stärker, und nachdem die stürmischen Zeiten des Winters und der Sommergewitter vorbei sind, atme ich auf.
Da sehe ich am Fenster eng umschlungen den Mann und die Frau stehen, ich versuche ihnen sogar zuzuwinken, doch ihre Blicke verfinstern sich, und ohne ein Wort miteinander zu sprechen, geht der Mann in die Scheune, holt die Schere und schneidet mich wieder zurecht.
Ich höre die Frau sagen:
„Gut hast du das gemacht, mein Lieber! Jetzt schaut er wieder wie ein schöner Baum aus.“
Ich stehe hier und begreife nicht, was ich falsch gemacht habe.
So vergeht Jahr um Jahr.
Ich habe aufgegeben und achte nur mehr darauf, ein gerader, wirklich schöner Baum zu werden, damit meine Besitzer mit mir zufrieden sind.
Es gelingt. Eines Tages bekomme ich Besuch.
Am Gehsteig, der direkt an unserem Garten vorbeiführt, bleiben ein Mann und ein Kind stehen, und sie schauen mich an.
Der Großvater sagt zum Kind:
„Schau, ist dieser Baum nicht schön?“
Das Kind aber kommt zu mir, legt seine Hand auf meinen braunen Stamm, dreht sich zu seinem Großvater um und meint: „Der Baum, Opa, ist schön, aber er ist auch traurig.“ „Ein Baum kann doch nicht traurig sein“, erwidert der Großvater.

„Doch, dieser Baum ist traurig, und ich glaube,
er hat niemals so wachsen dürfen, wie er wollte.“
Der Großvater schüttelt den Kopf, nimmt das Kind an der Hand und lacht.
Das Kind aber dreht sich noch einmal kurz zu mir, wirft mir einen letzten Blick zu, lächelt mich an, winkt mir zu, und eine dicke Träne rollt über seine Wange.

Naiv und sentimental ist diese Geschichte, eben so, wie ein Fünfzehnjähriger fühlt und schreibt, aber hellsichtig, denn:
Ich bin der Baum, der von anderen zurechtgestutzt wird, der sich aber auch verzweifelt darum bemüht, den Vorstellungen und Normen der anderen zu entsprechen.

Der Sekundenzeiger dreht unaufhörlich seine Runden.
Seit ich heute das Bad das erste Mal betreten habe, sind gut und gern vierzig Minuten vergangen. In meinem „alten“ Leben habe ich diese Zeit nicht einmal in zwei Tagen benötigt. Damals noch mit Dreitagebart und zwei Zentimeter langen Haaren war ich im Bad inklusive Barttrimmen gerade einmal 15 Minuten beschäftigt. Margit hat meinen Dreitagebart immer gemocht, so wie ihr überhaupt der „Mann“ im Ganzen auch optisch sehr gut gefallen hat. Ein Muskelpaket bin ich nie gewesen trotz meiner Anstrengungen, mittels einer Kraftstation meine männlichen Züge zu verstärken. Die Fitnessstation habe ich in der Zwischenzeit schon längst verkauft. Heute bin ich dankbar, dass mein Bemühen, einen stattlichen Mann abgeben zu wollen, nicht gefruchtet hat. So ist der Umstieg auf meinen weiblichen Körper nicht ganz so schwer gewesen.
Mein ganzer Stolz sind meine zarten Hände und die langen Finger, die durch die inzwischen ebenso gewachsenen Fingernägel zusätzlich gestreckt werden. Rot, meine absolute Lieblingsfarbe, wenn es um den Lack geht.

Rote Nägel und Lippenstift, Synonym meiner Weiblichkeit.
Wieder muss ich an der Schlafzimmertür vorbei. Das Atmen von Margit ist kaum noch zu hören. Das Gezwitscher der Vögel in unserem Garten hat an Lautstärke zugenommen, eigentlich müsste man sie, wäre es nicht so wunderschön, wegen Lärmbelästigung anzeigen, so schrill und laut ist ihr Gesang und Gezanke.
Im Ankleidezimmer öffne ich die Tür meines Schrankes. Da dieser an der Wand zu unserem Schlafzimmer steht, geschieht das besonders vorsichtig.
Margit schläft nach wie vor tief und fest. Eigentlich muss schon ein mittleres Erdbeben passieren, damit sie überhaupt munter wird. „Gesegneter Schlaf", denke ich mir. Davon kann ich nur träumen. Lustiges Wortspiel für jemanden, der so wenig Schlaf findet.
Jedes Wochenende mache ich mich fertig, um auf den in unmittelbarer Nähe stattfindenden Flohmarkt zu fahren. Lange schon ist es kein ausschließliches Suchen nach Schnäppchen, sondern vielmehr ein Besuch bei lieb gewordenen Freunden, die ich so Woche für Woche treffe.
Vor dem Kasten: Qual der Wahl.
Wie immer wird es ein Kostüm oder ein Etuikleid mit Blazer werden. Wenn Margit und ich getrennt unterwegs sind, habe ich mehr Möglichkeiten. Eigentlich würde ich gar nichts anderes mehr anziehen, doch wir als Pärchen fallen schon genug auf, da ich stolze 182 cm groß bin, und mit meinen High Heels ist die Zwei-Meter-Grenze schnell geknackt. Daher versuche ich seit einiger Zeit bei gemeinsamen Unternehmungen, zumindest hinsichtlich meiner Kleider- und Schuhwahl nicht ganz so overdressed und auffällig herumzulaufen wie sonst. Hosen im Allgemeinen und Jeans im Speziellen habe ich schon längst aus meinem Leben verbannt. Fast fünfzig Jahre hatte ich als Mann keine andere Wahl, Hosen waren das Einzige, was für mich

möglich war. Eine weitere positive Nebenerscheinung meiner Geschlechtsanpassung: Meine modischen Möglichkeiten explodieren regelrecht.
Heute und jetzt bin ich alleine unterwegs, was heißt:
Freie Wahl! Je klassischer, je eleganter, desto lieber, und je auffälliger, desto besser.
Einer meiner früheren Chefs hat einmal gemeint:
„Tu Gutes und rede vor allem darüber!"
Ich wäre keine Frau, hätte ich diesen Satz nicht passend für mich abgewandelt.
„Sei stolz auf dich, wie du aussiehst, und präsentiere dich!"
Meine Hand gleitet von einem Kleiderhaken zum anderen und schiebt die einzelnen Outfits, soweit es noch irgendwie geht, auseinander, um einen besseren Blick darauf werfen zu können. Ganz ehrlich: Es wird bald soweit sein, dass ich mir einen zusätzlichen Schrank kaufen muss, denn im alten sind jetzt schon viel zu viele Stücke. Echtes Frauenleiden!
Schwarz?
Nein, Schwarz ist heute einfach nicht das Richtige. Das Wetter scheint schön zu werden. Früh am Morgen, kurz nach dem Aufstehen, habe ich am dämmrigen Himmel noch ein paar Sterne erhaschen können. Es verspricht, tatsächlich ein recht schöner und sonniger Tag zu werden. Ich entscheide mich für Blau. Vor einigen Wochen habe ich mir mein erstes Kleid von Esprit gekauft. Neben der klassischen dunkelblauen Farbe besticht es durch seine sehr weiche Linie, wodurch es absolut feminin über meine noch immer relativ schlanken Hüften fällt. Selbst meine Hormonbehandlung, ein absoluter Pharmahammer, hat es bisher nicht ganz geschafft, meine Figur aus der Form zu bringen. Schnell noch den richtigen Blazer herausgenommen, hineingeschlüpft und ab zum Spiegel in den Vorraum.

Margit hat sich schon vor Jahren vor der Wohnungstür im Foyer einen großen Spiegel gewünscht, damit sie vor dem Verlassen der Wohnung noch einen kurzen Blick für einen letzten Check in ihn werfen kann. Früher einmal habe ich das nicht verstanden, heute bin ich ihr dankbar, dass sie sich damals durchgesetzt hat. Bei meiner „Endkontrolle“ stelle ich fest, dass ich noch gar keine Strümpfe anhabe.
„So etwas kann auch nur mir passieren“, denke ich, „vor allem, wenn es draußen schon so schön warm ist“.
Die Schuhwahl ist kein wirkliches Problem. Heute kommen ohnedies nur High Heels in Frage. Da mir für jedes Outfit mindestens zwei Paare in der jeweils passenden Farbe zur Verfügung stehen, kann die Suche schon einmal ein bisschen länger dauern, wobei mein Ordnungswahn das Finden massiv erleichtert. Alle meine Schuhe sind in Schachteln verpackt. An der Stirnseite ist ein Foto des jeweiligen Paares angebracht. Jedes neu erworbene Paar wird so fotografiert, dass man einen Schuh von vorne und den anderen von der Seite sieht. Das macht eine schnelle Schuhauswahl für mich erst möglich.
Ein perfektes Outfit ohne passende Schuhe ist wie ein Porsche mit 13-Zoll-Reifen und Stahlfelgen. Ich habe meine Schwester nie verstanden, die trotz vorhandenem Kleingeld nie die passenden Schuhe zu ihren Designerklamotten gefunden hat.
Schon als „Mann“ war mein Schuhtick ziemlich ausgeprägt, und so durfte ich an die vierzig Paare mein Eigen nennen. Nach meinem „Wechsel“ hat sich die Anzahl vervielfacht, und schon bald werde ich „das Fest des einhundertsten Paares“ feiern können. Früher lebte ich meinen Schuhtick an meiner Frau aus, was zur Folge hatte, dass ich ihr innerhalb der ersten beiden Jahre unserer Beziehung gut und gern 50 Paare oder mehr geschenkt habe. Die meisten, obwohl auch Margit sie wunderschön findet, stehen noch heute so gut wie ungetragen in ihrem Schuh-

schrank. Bestenfalls ein- oder zweimal durften die Armen das Licht der Welt erblicken. Welche Quälerei!
Noch einmal zurück in die Küche.
Sie liegt halb offen in unmittelbarer Nähe zum eigentlichen Wohn- und Essbereich und ist nur durch den Treppenaufgang von der restlichen Etage abgetrennt. Fein säuberlich beginne ich den Tisch zu decken. Teller, Besteck und natürlich Servietten. Auch hier lege ich größten Wert auf gutes Aussehen, wenngleich wir meistens „nur" zu zweit frühstücken.
Wurst und Käse werden auf einem großen Teller zurechtgelegt. Honig und Marmelade kommen in dafür vorgesehene Gläser.
Am Wochenende genießen wir es, gemeinsam zu frühstücken, und oftmals wird daraus ein Brunch, dann wird das Mittagessen einfach ausgelassen. Heute gibt es auch noch Obst und Eier, die ich später ganz frisch bei meiner Gemüsefrau am Markt kaufe.
Im Sommer haben wir die Möglichkeit, auch auf unserem großen Balkon zu frühstücken. Er ist gegen Osten ausgerichtet, und da ich oft schon sehr früh am Morgen wach bin, genieße ich es, den Sonnenaufgang zu beobachten, der die Dächer der umliegenden Häuser zuerst rot und nach und nach gelb einfärbt.
Der Tisch ist fertig. Noch eine Kerze, ein letzter kontrollierender Blick. Für mich muss alles nicht nur gut schmecken, sondern auch gut ausschauen und zusammenpassen. Margit hat sich in der Zwischenzeit schon daran gewöhnt. Ich glaube, dass sie nun auch schön langsam Gefallen daran findet, wenngleich ich manchmal denke, dass ihr ein bisschen weniger lieber wäre.
Langsam wird es halb fünf, und es wird Zeit aufzubrechen. Obwohl ich für die meisten „Normalbürger" schon eine halbe Ewigkeit auf bin, komme ich jetzt schön langsam ins Gedränge. Trotzdem nehme ich ein Blatt Papier und beginne zu schreiben:
Meine Liebste ...
Schon vor langer Zeit habe ich es mir angewöhnt, wann auch immer ich die Wohnung vor Margit verlasse, ihr ein paar Zeilen

zu schreiben. Am Wochenende ist das längst ein Liebesbrief geworden, und Margit ist beinahe entsetzt, wenn kein Kuvert vor der Schlafzimmertür liegt. Ich habe immer deutlicher erkannt, dass es einfach unerlässlich ist, seine Gefühle nicht nur zu erkennen und zu spüren, sondern sie auch auszudrücken und mitzuteilen. Deshalb ist es mir ein besonderes Bedürfnis, meiner Frau immer und immer wieder zu sagen, wie sehr ich sie liebe. Sie ist das Geschenk meines Lebens, und ich habe es mir abgewöhnt, sie nur an speziellen Tagen wie ihrem Geburts- oder unserem Hochzeitstag zu beschenken oder ihr nur zu besonderen Anlässen mein Empfinden, meine Liebe mitzuteilen. Ein Ritual, das von seiner Kraft und Stärke in all den Jahren unserer Beziehung nichts eingebüßt hat.

Obwohl ich immer nur mit Bleistift schreibe, sind die Worte wie in Stein gemeißelt. Zuletzt küsse ich den Brief. Tiefrot findet sich ein Abdruck meiner Lippen am Blattrand wieder. Ich platziere das Papier vor dem Schlafzimmer, damit Margit es beim Verlassen des Zimmers gleich entdeckt.

So, jetzt aber hinaus aus der Wohnung! Eiligen Schrittes haste ich die drei Stockwerke bis zum Ausgang unseres Wohnblocks hinunter. Da ich auch unter der Woche eher früh unterwegs bin – ich verlasse das Haus fast immer gegen 05:45 Uhr – haben sich die Nachbarn – zumindest gibt es keine Beschwerden – längst an das Geklapper meiner High Heels gewöhnt. Auf dem Parkplatz vor dem Haus steht ein kleiner Fiat 500. Knapp sieben Jahre nach der Scheidung von meiner ersten Frau habe ich mir diesen Wagen gekauft. Mein altes Auto fiel meiner Exfrau zu.

Rot ist der Wagen geworden, knallrot. Ich habe erst nach dem Kauf kapiert, dass Margit viel lieber einen gelben oder blauen gehabt hätte. Jetzt ist es definitiv zu spät dafür. Neben unserem Auto steht der Pickup von Max, unserem Nachbarn im Parterre. Ein alter Toyota – richtig brachial. Er ist dunkelgrün, und mit

seinem Rammschutz scheint es, als würde er auf den kleinen 500er aufpassen.
Einmal habe ich zu Max gesagt, dass ich eigentlich auf meinen Parkplatz locker verzichten könnte, denn der Fiat hätte ganz locker auf der Ladefläche seines Pickups Platz. Privatparkplatz sozusagen!
Ich steige ins Auto.
Mein erster Neuwagen überhaupt. Dreißig Jahre nach Erwerb des Führerscheins und dem Kauf meines ersten gebrauchten Untersatzes habe ich mir nach all den Problemen mit dem letzten Wagen geschworen, mir niemals mehr eine alte Karre anzuschaffen. Ich drehe den Zündschlüssel. Der Wagen springt sofort an und läuft wie am Schnürchen. Früher einmal ist das fast eine Sensation gewesen, wenn sich unser Auto trotz nächtlichen Aufladens der Batterie überhaupt starten ließ.
Das ist alles Vergangenheit.
Ich schiebe aus der Parklücke. Aus den Boxen tönt lautstark Musik. Alleine unterwegs brauche ich keine Musikkompromisse einzugehen, wobei Margit und ich auch in diesem Punkt ziemlich harmonieren. Aktuell läuft Rosenstolz, eher mein Metier. Nach und nach drehe ich den Lautstärkenregler nach rechts. Obwohl der Wagen auch innen sehr kompakt gebaut ist, spüre ich deutlich die Vibrationen, die durch die Bässe über die Boxen auf mich übertragen werden.
Spürbare Musik hat ihren ganz besonderen Reiz. Wieder einmal wird mir der exorbitante Unterschied zu unserer alten Rostlaube klar.
Der Weg zum Flohmarkt ist kurz. Wäre da nicht die Ampel bei einer der Haupteinfahrtsschneisen von Graz, würde ich dafür ziemlich sicher keine fünf Minuten benötigen.
Ich fahre vorbei an den noch schlafenden Häusern. Die Rollläden halten das Licht der ersten Frühaufsteher fern. Die Fassaden schauen wie Gesichter aus, deren Augenlider nach einer

langen Nacht noch immer geschlossen sind. Die Stadt schläft tief und fest.
Der Himmel übermalt langsam sein Tiefschwarz mit einem dreckigen Hellgrau. In den Bäumen, deren grüne Blätter durch den Regen der Nacht wie frisch aus der Reinigung wirken, sitzen Vögel. Auf dem Boden streiten sich zwei junge Krähen um die Reste einer Nuss, die sie aus einiger Höhe auf den Asphalt fallen haben lassen. Mit ihren Schnäbeln picken sie nun fein säuberlich jeden noch so kleinen Krümel der Frucht auf. Ich nähere mich langsam. Gemächlich springen die Vögel zur Seite.
Ich schmunzle. Es wirkt wie das Sackhüpfen spielender Kinder.
Ich komme zur einzigen Kreuzung. Die Ampel zeigt rot.
Selbst um diese Uhrzeit ist sie immer in Betrieb. Links, schräg gegenüber auf der anderen Straßenseite, sitzen zwei Jugendliche auf dem Boden des Wartehäuschens und sehnen das Eintreffen des Frühbusses herbei. Die Nacht hat lange gedauert, und das Bett ruft. Der Ältere hält noch eine Flasche Bier fest in der Hand. Letzte Überlebensreserve.
Eine ältere Frau steht beim in unmittelbarer Nähe befindlichen Bankomaten eines Geldinstitutes, um Bares von ihrem Konto zu beheben. Ständig dreht sie sich nach den Jugendlichen um, so als ob sie Sorge haben müsste, von den beiden überfallen zu werden.
Was für ein Schwachsinn, denke ich mir.
Die Ampel springt auf grün.
Nun sind es gerade noch 800 Meter, und dann bin ich da. Ich fahre um den Parkplatz herum und komme an einer Diskothek vorbei, die gerade versucht, die letzten Besucher zu entsorgen. Mehrere Mädchen stehen in einer Gruppe dicht beieinander. Sie schauen allesamt nicht mehr ganz frisch aus. Trotz der niedrigen Temperaturen haben zwei Mädchen ihre Schuhe ausgezogen und stehen mit bloßen, nackten Füßen auf dem Parkplatz. Allein beim Anblick der beiden fröstle ich. Ihre Schminke ist

verwischt, und wenn ich es nicht besser wüsste, müsste ich annehmen, dass irgendjemand ihre Kleider zerrissen hat. Tja, die Mode hat eben ihre eigenen Gesetze.

Ich stelle meinen Wagen direkt vor den Abgang in die Tiefgarage. Das ist praktisch, denn so habe ich einen kurzen Weg zu den Ausstellern auf dem Parkplatz und zu jenen, die dem Wetter nicht trauen und unter Dach in der Tiefgarage ihre Tische aufgestellt haben. Da ich seit Jahren den Flohmarkt besuche, weiß ich in der Zwischenzeit ziemlich genau, wo welche Aussteller zu finden sind. Sonja steht meistens im hinteren Eck, relativ nahe bei der Diskothek.

Wir haben uns in der Zeit meiner Geschlechtsanpassung kennengelernt, und ein Besuch des Flohmarkts, ohne bei ihr gewesen zu sein, geht gar nicht.

Ich beginne die Suche.

Der Lärm, der von den vielleicht noch ein, zwei Dutzend übergebliebenen Gästen der Diskothek ausgeht, ist enorm. Die Betreiber des Lokals haben gute Gründe gehabt, diesen Standort für ihr Lokal zu wählen.

Keine Anrainer, keine Beschwerden.

Mein Blick fällt auf einige junge Burschen, die gerade noch stehen können, und zwischen den auf Kundschaft wartenden Taxis herumlungern. Eigentlich mag ich Taxler nicht besonders. Die meisten von ihnen sind eher rücksichtslose Autofahrer, aber in diesem Fall muss ich ehrlich gestehen, habe ich fast ein wenig Mitleid mit ihnen – arme Schweine. Sich mit diesen Besoffenen herumschlagen zu müssen, ist tatsächlich kein Honiglecken. Und wenn die Fahrgäste im Auto auch noch zu randalieren beginnen und man versucht, sie zu beruhigen, kann es noch immer sein, dass sie einem zum Dank die Kiste vollkotzen.

Plötzlich taucht zwischen den Betrunkenen ein weiterer auf, der gerade vom Türsteher der Diskothek mit sanftem Druck zum Verlassen des Lokals „ermuntert" wird. Obwohl wir alles ande-

re als nahe zueinander stehen, kommt es zwischen ihm und mir zum Blickkontakt.
Gestern Nacht hat Conchita Wurst den Eurovisionssongcontest für Österreich gewonnen. Ein Meilenstein für all jene Menschen, die die Grenzen der Normalität überschreiten wollen und müssen.
Eigentlich wäre das gerade für mich ein Grund gewesen, feiern zu gehen. Vielleicht ist dies ja auch der Grund für diesen Gast gewesen, dieses Ereignis mit ausreichend Alkohol zu begießen.
„Die finden ja immer einen Grund zum Saufen", denke ich mir.
Unsere Blicke treffen aufeinander.
Blitzartig beginnt der Mann im Gespann mit zwei Gesinnungsgenossen unter ständigen Conchita-, Conchita-Rufen auf mich zuzulaufen.
Völlig gebannt von dem, was da gerade abläuft, bin ich nicht in der Lage, mich zu rühren, und bleibe wie angewurzelt stehen.
Dann sind sie da und beginnen mit ihren blöden Sprüchen über Schwuchteln, Transen und all diesem, wie sie es nennen, „Abschaum".
Ich weiß nicht, was ich tun soll. Ich schaue mich um.
Kein Ausweg – kein Entkommen!
Ich bin verängstigt.
Erstmals seit meiner Geschlechtsanpassung spüre ich so etwas wie Angst und Ohnmacht. Meine Hände zittern, und meinen Körper überfällt ein Schauer, der alle Härchen auf meiner Haut in die Höhe reißt, so als wollten sie mich wie einen Igel mit Stacheln schützen.
„Na, dann schauen wir nach, wie die Transe so unterm Rock aussieht", lallt einer der Männer gerade noch verständlich.
Ich schnappe nach Luft, begreife nicht, weiß nicht, was da gerade abläuft ...
Und dann ...
Zwei junge Männer, die gerade dabei sind, ihren Verkaufsstand

aufzubauen, laufen auf mich zu. Durch meine ständige Präsenz am Flohmarkt kenne ich die meisten. Diese beiden habe ich jedoch noch nie zuvor gesehen. Der Größere trägt einen Dreitagebart. Der Kleinere hat ein ärmelloses T-Shirt an, was seine durchtrainierten Oberarme noch verstärkt. Ich bin mir ziemlich sicher, dass meine Oberschenkel selbst in Zeiten, in denen ich extrem viel Rad gefahren bin, einen geringeren Umfang hatten als die Oberarme dieses jungen Mannes. Seine kurz geschorenen Haare sind durch eine Kappe verdeckt, die tief in sein Gesicht hineinragt und einen finsteren Schatten auf seine Stirn wirft. Die Farbe seiner Augen ist nicht zu erkennen, was ihn zumindest für mich Furcht einflößend erscheinen lässt. Er stellt sich vor mich, baut sich richtig vor mir auf. Der andere direkt daneben.

„Ich habe einen Schutzschild“, schießt es mir durch den Kopf, „einen lebendigen Schutzschild“.

Die Betrunkenen stocken und stellen sich in einem Abstand von maximal einem halben Meter um uns herum. Meine Blicke kreisen. Meine Angst hat sich nun endgültig in meinem gesamten Körper ausgebreitet. Mein Magen schmerzt, mir ist schlecht und flau, so als hätte ich etwas Verdorbenes gegessen. Einer der Diskobesucher holt sein Handy aus der Hosentasche hervor und beginnt zu filmen. Ich versuche mich der Aufnahme zu entziehen, indem ich eine geöffnete Hand dem Handy entgegenstrecke, doch einige Sequenzen werden garantiert aufgezeichnet.

Wenn ich wüsste, wonach ich suchen müsste, könnte ich das Video wahrscheinlich noch heute am Vormittag auf YouTube anschauen.

Die Aufforderung, mit dem Filmen aufzuhören, wird ignoriert und ermuntert die Betrunkenen nur noch stärker, mich mit ihren Lach- und Verhöhnungstiraden zu verspotten.

Es folgt ein lautstarkes und lallendes Bekenntnis: „Ich fotogra-

fiere und filme, wen und wann ich will. Mein Handy, meine Motive."
Indessen wird der Druck meiner „Verteidiger" immer stärker. Beeindruckt von der Ruhe und Gelassenheit der beiden, stehe ich in der Mitte der Gruppe. Nach weiteren zehn Minuten ist die Diskussion endlich vorbei.
Die Betrunkenen lassen von uns ab und tauchen im Getümmel der hereinströmenden Käufer unter.
Niemals zuvor ist mir so etwas passiert.
Niemals habe ich auch nur annähernd das Gefühl gehabt, in eine derartige Situation kommen zu können.
Niemals zuvor ist mir bewusst gewesen, dass ich jemals Ziel einer solchen Attacke sein könnte.
Meine Schritte wirken unsicher, wie ein Eierlauf.
Fort ist sie, meine übliche Gelassenheit. Mein an und für sich gut ausgeprägtes Selbstbewusstsein hat sich in nur wenigen Augenblicken pulverisiert, aufgelöst und enorm tiefe Risse bekommen. Mein Boot leckt und ist auf Grund gelaufen. Aufgerissen durch ein Riff tiefster Verachtung gegenüber Andersartigen.
Angst!
In jeder Sekunde rechne ich damit, dass die Männer wieder auftauchen könnten. Ständig denke ich daran, wie es denn sein muss, von fremden Menschen festgehalten zu werden, in deren Gewalt zu sein.
Ein Raum, dessen Türen von außen mit unaufschiebbaren Pfosten verschlossen werden.
Kein Fenster.
Kein Funken Licht.
Kein Entkommen.
Kein Entwischen.
Keine Perspektive.
Keine Hoffnung.

Die Peiniger jedoch sitzen vor den Türen und glotzen durch ihre klitzekleinen Gucklöcher. Gierig, grinsend, belustigt von meiner Angst. Meine Stirn ist trocken, meine Atmung wird schneller und schneller. Rasend pocht mein Herz an meinen Brustkorb. Es hämmert an die Türen meines Gefängnisses, doch die Türen sind zu und bleiben fest verschlossen.
Panik, grenzenlose Panik erfasst mich.
Nur langsam beruhige ich mich.
Die fürsorglichen und lieben Worte meiner Freunde sind wie Balsam auf Wunden. Heute kann ich einfach nicht mehr länger hier bleiben. Ich gehe zu meinem Wagen, der beinahe auf der anderen Seite des riesengroßen Parkplatzes steht. Auf dem Weg dorthin drehe ich mich immer wieder um. Meine Blicke durchforsten den Platz.
Sie sind nicht zu sehen.
Den Wagen sperre ich mittels Funksteuerung meines Autoschlüssels schon aus einiger Entfernung auf, damit ich noch schneller verschwinden kann. Ich setze mich hinter das Lenkrad und verschließe das Auto.
Durchatmen.
In all den Jahren, seit ich Auto fahre, habe ich noch nie etwas Derartiges gemacht. Selbst auf den gemeinsamen Fahrten mit Margit mitten durch Südafrika – immerhin ein Land mit einer der höchsten Mordraten weltweit – habe ich niemals daran gedacht, das Auto während der Fahrt geschlossen zu halten, und das auch nicht für nötig erachtet.
Ich wechsle die CD.
Wenn es mir wirklich „beschissen" geht, hilft nur ein Titel, um mich wieder aufzurichten.
Aus den Boxen dröhnt lautstark „The Show must go on", Freddy Mercurys grenzgenialer Song.
Mein Kopf sinkt auf das Lenkrad, und der Bass hämmert Wort für Wort in mein Hirn.

The Show must go on, the Show must go on.
Immer und immer wieder.
Vor unserem Haus ist mein Parkplatz wider Erwarten noch immer frei. Ich stelle den Wagen ab und versperre ihn, während ich auf den Vorhof zugehe und die Gartentür öffne.
Ich lasse die Eingangstür geöffnet und begebe mich in die dritte Etage. Wenn ich nicht unbedingt literweise das Mineralwasser heimschleppen muss, bereitet mir das Treppensteigen keinerlei Probleme. Um diese Uhrzeit ist unsere Wohnung nicht mehr verschlossen. Sobald Margit aufsteht, sperrt sie die Tür unserer Wohnung auf, damit ich mir die Suche nach unserem Wohnungsschlüssel in meiner Handtasche erspare. Die Möglichkeit, Handtaschen tragen zu können, habe ich als einen der wirklich größten Vorteile einer Frau gegenüber Männern gesehen. Anfangs waren meine Taschen noch klein, doch in der Zwischenzeit habe ich diese praktischen Accessoires gegen deutlich größere getauscht. Komisch, dass dadurch nicht wesentlich mehr freier Platz entstanden ist. Eigentlich schleppe ich jetzt einfach mehr mit mir herum. Die Suche nach meinem Wohnungsschlüssel gleicht einer Goldgräberaktion.
Gefunden!
Bei der Tür angekommen, stelle ich fest, dass ich den Schlüssel doch nicht brauche. Meine Frau ist tatsächlich schon munter und hat die Wohnungstür aufgesperrt.
In der Zwischenzeit ist es halb neun geworden, und ich betrete die Wohnung. Margit kommt mir aus dem Bad entgegen. Ihr Körper ist von einem Badetuch umwickelt. Ihre Haut duftet nach der Bodylotion, die die Firma meines Arbeitgebers vor einigen Monaten neu entwickelt hat.
Margit ist für mich noch immer die mit Abstand schönste Frau der Welt. Ihr Blick ist liebevoll und verführerisch zugleich, sie küsst mich.

Ihr etwas zu verheimlichen, ist absolut sinnlos. Sie hat einen siebenten Sinn. Ein Gespür für alles, was mich, was unsere Beziehung betrifft.
Sie küsst mich noch einmal und bedankt sich für meinen Brief, der, wie sie meint, heute besonders schön geworden ist. Seit Jahren sammelt sie meine Nachrichten, die ich Woche für Woche schreibe. Eigentlich wollte ich alle schon einscannen, ordnen und katalogisieren. Margit hat mir jedoch unmissverständlich zu verstehen gegeben, dass das wohl ihre Angelegenheit sei, womit sie absolut Recht hat.
Sie setzt sich zum Tisch, während ich die Kaffeemaschine starte. Langsam füllen sich unsere Tassen. Der Duft des frisch gemahlenen Kaffees breitet sich aus. Auch wenn ich die morgendliche Angelegenheit am Flohmarkt vor ihr zu verharmlosen versuche, weiß ich ganz genau, dass ich Margit nicht täuschen kann. Sie spürt es, wenn mich etwas belastet und mir unter die Haut geht. Auf dem Weg aus der Küche zum Esstisch nehme ich bereits einen Schluck, während sich Margit noch einen kleinen Augenblick gedulden muss.
Sie schaut mir in die Augen und fragt:
„Alles in Ordnung?"

Mit einem „Was?" versuche ich einer Beantwortung der Frage auszuweichen, obwohl ich genau weiß, dass das bestenfalls nur einen kurzen Aufschub bringen kann.
„Hallo, ich habe dich gefragt, ob alles o.k. ist."
„Ja, eh – wie kommst du denn auf die Idee, dass es nicht so sein könnte?"
„Ich kenne dich gut genug, also – was ist los?"
Ich beginne, die Ereignisse zusammenzufassen. Nach und nach fallen mir die einzelnen Abläufe, jedes Detail des Vorfalls ein. Komisch, denke ich mir, jetzt, hier wirkt es, als wäre das alles nicht mir, sondern irgendjemandem anderen passiert. Es tut

gut, dass zu Hause jemand ist, der zuhört, der da ist, wenn man ihn braucht.
Wir haben gelernt, einander zuzuhören, aber auch gelernt, wenn es richtig ist, zu schweigen und uns einfach „nur“ in die Arme zu nehmen. Ohren, die offen sind, und Münder, die zur richtigen Zeit schweigen, aber trotzdem im passenden Moment die Worte finden, die so unendlich guttun.
Sich schweigend zu verstehen, sich alleine mit den Augen zu trösten, anzulächeln, ist einfach wunderschön. Unsere Liebe ist so stark, dass wir die Wärme unserer Hände selbst dann spüren könnten, wenn zwischen uns eine Wand aus Glas wäre.
Margit und ich sind nun seit rund acht Jahren ein Paar. Noch immer grenzt es für mich an ein Wunder, dass sie mir, wie ich immer sage, passiert ist.

März 2006

Es geschieht bei einer Firmenveranstaltung. Damals noch äußerlich ein Mann, nicht wirklich bewusst wissend, was sich in mir abspielt, sitzen wir zufällig nebeneinander. Ich bin wie immer pünktlich, aber trotzdem ziemlich spät dran.
Der Platz neben Margit ist noch nicht besetzt und nach einem kurzen „Noch frei?“ nehme ich Platz.
Man stellt sich bei den direkten Sitznachbarn vor.
Ein wenig protzend erzähle ich, dass ich Leiter der zentralen Beschaffung der Medizinischen Universität Graz bin. Wie immer ein kurzes Raunen ob dieses Jobs, wenngleich ich finde, dass ich in vielen meiner vorherigen Jobs weit mehr Verantwortung und ein größeres Einkaufsvolumen zu verwalten gehabt habe.
Margit sollte mir später, in einer kalten Winternacht auf dem

Sofa sitzend, gestehen, dass ich ihr beim Betreten des Raumes sofort aufgefallen sei.
Der Abend vergeht, und auch Margit erzählt, was sie denn so beruflich macht. Da es kaum ein größeres Unternehmen in der Steiermark gibt, das ich nicht kenne, ist mir auch ihres bestens bekannt, zumindest fünf hauptsächlich im Verkauf tätige Mitarbeiter. Margit jedoch kümmert sich so wie ich auch um Einkaufsangelegenheiten, daher ist sie mir gänzlich unbekannt. Was hab ich schon mit Einkäufern am Hut?
Das Essen ist ausgezeichnet, die Stimmung gut, und mein Redefluss wird von Stunde zu Stunde immer überschäumender. Dazu brauche ich keinen Alkohol, das geht auch ganz gut ohne. Ich gebe offen zu, dass man manchmal ziemlich gute Nerven haben muss, um meinen Redeschwall länger als zehn Minuten auszuhalten. Das ist nicht immer so gewesen.
Meine langfristige Tätigkeit im Einkauf hat mir schon vor langer Zeit die Scheu vor Kontakten genommen. Zu oft habe ich immer wieder neue Firmen, neue Geschäftspartner, neue Kollegen kennengelernt. Und es ist mir absolut egal, ob es sich dabei um einen Arbeiter, einen Verkäufer oder den Besitzer der Firma selbst handelt. Die Liebe, mit Menschen zu arbeiten, mich mit ihnen auseinanderzusetzen, mit ihnen zu kommunizieren, ist der Hauptgrund gewesen, dass ich damals in meiner Zeit in der Glasfabrik meinen ersten Job in der Buchhaltung, den ich direkt nach meinem Schulabschluss angenommen habe, beendet habe und in eine andere Abteilung gewechselt bin.
Einkauf.
Klingt spannend, der Abteilungsleiter ist so sehr gefürchtet, dass ich ebenfalls mit spannenden Momenten rechnen muss. Für mich ist es ein Nervenkitzel und hoch interessant, mit den verschiedensten Menschen zu kommunizieren, mich mit ihren Charakteren auseinanderzusetzen und immer wieder die „Feu-

erwehr“ bei Beschaffungsproblemen spielen zu dürfen. Immer schon sind Probleme ein Ansporn für mich gewesen, Lösungen zu suchen und neue Wege zu finden. Mein Einsatz wird geschätzt, wenngleich meine Position auch einen großen menschlichen Nachteil mit sich gebracht hat.
Ich habe begonnen zu verlangen, zu fordern, anstatt lange zu fragen.
Wenn ich meine „Wünsche“ kundtue, dann sind sie Forderungen, und wie es im Geschäftsleben eben ist, macht bekanntlich der die Musik, der das Geld hat. Auch wenn ich diesen Satz hasse wie die Pest, er trifft zu.
Meine Position hat es mit sich gebracht, dass ich hofiert werde, da ich derjenige bin, der letztendlich die Macht hat, Aufträge zu vergeben. Ich habe tatsächlich lange geglaubt, ich könnte dieses Machtgehabe aus meinem Privatleben raushalten, doch was einmal in Fleisch und Blut übergangen ist, ist immer da, auch wenn man nicht gerade im Sessel des Einkaufschefs sitzt. Somit ist es letztendlich mein Job, der mich glauben lässt, alles durchsetzen zu können. Widerspruch ist sinnlos. Zu oft werden meine Forderungen einfach erfüllt, weshalb ich auch im privaten Bereich so agiert habe. Das Geld, das ich jeden Tag in meiner Firma ausgebe, ist wesentlich dafür verantwortlich, dass meine Aussagen „Gesetz“ sind, dem man sich zu unterwerfen hat, und nur die wenigsten wagen es, sich dagegen aufzulehnen. Selbst die Möglichkeit, meine Entscheidungen zu hinterfragen, wird kaum wahrgenommen.

Der Abend ist längst in die Nacht übergegangen. Das Lokal, in dem wir sitzen, liegt auf einer Anhöhe knapp außerhalb von Graz. Das Streulicht der Straßenlaternen ist deutlich geringer als das in der Innenstadt, und so ist es auch möglich, am klaren Himmel bereits die Venus und einige andere helle Sterne zu erkennen. Weite Teile der Stadt kann man von hier oben über-

blicken. Die Laternen zeichnen den Verlauf der Straßen nach. Wie Glühwürmchen kann man in der Ferne die Scheinwerfer der Autos erkennen. Kleine weiße Pünktchen.
Über meinen Beruf habe ich an diesem Abend schon mehr als genug berichtet, und so fällt mir nichts Besseres ein, als über meine damalige Familie zu erzählen. Achtzehn Jahre bin ich jetzt schon verheiratet und habe zwei Kinder.
Das Firmenevent fällt in jenen Monat, in dem ich das erste Mal in meinem Leben ganz alleine in den Urlaub fliegen will. Lange Zeit habe ich versucht, meine heutige Exfrau dafür zu begeistern.
Mein Freund und ehemaliger Arbeitskollege in St. Lambrecht besitzt ein Zweithaus in der Nähe von Kapstadt. Nach einigen Jahren ergebnisloser Überredungsversuche habe ich mich letztendlich dazu entschlossen, die Reise eben alleine zu machen.
Klaus ist zu dieser Zeit gerade in Südafrika.
Er ist bereits in Pension und verbringt rund drei Monate des Jahres in diesem wunderschönen Land. Seine Erzählungen haben mich gefesselt und verzaubert. Voll Freude auf diesen Urlaub, aber auch aufgeregt, erzähle ich jetzt von meinen Reiseplänen.
Als Margit meint, dass sich meine Frau sicherlich schon sehr auf diese Reise freue, erwidere ich kurz:
„Ganz sicher sogar, denn sie wird mich ja zwei Wochen los sein."

Mai 1995

Wieder einmal erwartet sich meine Frau, dass ich mit ihr nach Voitsberg fahre. Ihr Lebensmittelpunkt liegt nach wie vor bei ihrer Kernfamilie, was sicherlich damit zu tun hat, dass wir Kinder gewesen sind, als wir uns kennengelernt haben. Da wir beide aus einem sehr katholischen Elternhaus kommen, sind wir einander, fast naheliegend, bei der katholischen Jugend begegnet. Ich dürfte fünfzehn Jahre alt gewesen sein, sie zwei Jahre jünger. Es ist für uns beide die erste Beziehung. Ich nenne sie noch heute „Sandkistenbeziehung", auch wenn wir zu dieser Zeit nicht mehr mit Schaufel und Eimer spielen. Unser Weltbild ist geprägt von unserer katholischen Erziehung, und so ist es nur allzu verständlich, dass das Ergebnis dieser Gleichung in eine Ehe geführt hat: 1+1=2. Ich bin 22 und sie ist 20, blutjung, aber für uns und unser Umfeld das einzig Richtige. Ich will mir und meiner Umgebung zeigen, dass ich ein richtiger Mann bin, dass ich als Erster unter meinen Altersgenossen eine Freundin, eine Frau habe, dass ich besser, schneller bin als alle anderen.
Dann ist es soweit. Unser erstes Kind kommt zur Welt. Wir sind endlich die kleine Familie, auf die wir so sehr hingearbeitet haben.
Entsprechend unserem Weltbild soll ich für die Finanzen zuständig sein und sie für die Familie und Kinderbetreuung. Daher entscheiden wir aus finanziellen Überlegungen, das Angebot meines damaligen Arbeitsgebers anzunehmen, meinen Dienstort von Leibnitz nach St. Lambrecht zu verlegen. Das ist geradezu ideal. Ich habe einen äußerst gut bezahlten Job, und meine Exfrau hat die Möglichkeit, sich ganz den Kindern widmen zu können. Zusätzlich beziehen wir eine große, sehr günstige Wohnung mit einem riesigen Park, in dem ich später den größten Spielplatz der näheren Umgebung aufstellen sollte. Daher ist die Übersiedlung für uns beide logisch, und

trotzdem ist sie für meine Frau schrecklich. Noch immer nicht flügge, muss sie das Nest ihrer Familie verlassen, auch wenn wir zu dieser Zeit schon eine eigene Familie sind. Deshalb habe ich ihr versprochen, dass wir jederzeit zu ihren Verwandten und Freunden nach „Hause“ fahren könnten, wann immer sie es für notwendig hält, und wir fahren oft. Das ist nervig, da sie zu dieser Zeit noch keinen eigenen Führerschein hat und ich die Rolle des Chauffeurs übernehmen muss, aber insgeheim hoffe ich, dass sich das viele Hin- und Herfahren von allein aufhören würde, wenn sie sich einmal an die Gegend und die Menschen gewöhnt hätte.
Getäuscht. Grob getäuscht. Die Fahrten werden nur noch häufiger. Während ich meine Beziehungen unter anderem im Elternverein der Volksschule meiner beiden Kinder aufbaue, zieht sich meine Frau immer mehr zurück. Sie ist nicht dazu zu bewegen, sich aktiv in den Ort einzubringen. Zwar duldet sie den Umstand, dass ich hier arbeite und wir deswegen hierhergezogen sind, doch pünktlich am Freitag nach Dienstschluss haben wir gepackt und fahren zu ihren Eltern. Nachdem wir schon an den Wochenenden so gut wie immer bei ihnen auf Besuch sind, ist es nur allzu verständlich und naheliegend, dass auch die langen Ferien der Kinder rund um Graz verbracht werden. Da meine Frau bei ihren Eltern kein Auto braucht, trennen wir uns jeden Sonntag. Während meine Frau mit unseren Kindern bei ihren Eltern bleibt, fahre ich mit dem Auto zurück nach St. Lambrecht.

Ich bin wieder zu Hause.
Wir wohnen in einem altehrwürdigen Herrenhaus, erbaut um 1890. Die Firmengründung erfolgte ungefähr in der Zeit, als Alfred Nobel das Dynamit erfand. Die Wohnung ist riesengroß, so um die 170 m² und liegt in einer Firmensiedlung knapp drei Kilometer vor den Toren des Marktes. Dieser zählt damals an

die 1800 Einwohner, hauptsächlich Pensionisten, Arbeiter und Angestellte meines Arbeitgebers.
Trotz des Sommers ist es kalt. Immerhin liegt unsere Wohnung auf 1065 Meter, amtlich vermessen, versteht sich, und somit befindet sie sich für die meisten Städter auf der Alm.
Abends, wenn ich allein im Wohnzimmer sitze und bei offenem Fenster dem Rehbock zuhöre, wie er einem Weibchen nachstellt, und die Grillen ihren Gesang so laut stellen, dass an ein Schlafen beinahe nicht zu denken ist, hole ich mir ein Glas guten Rotweins und lasse all meine Gedanken hinter mir.
Ich öffne den Kasten meiner Frau.
Obwohl sie damals noch schlanker ist als ich und ich auch wesentlich größer bin, nehme ich das erste Kleidungsstück aus dem Kasten. Noch etwas ungeschickt ziehe ich es an.
Da sind keine Bedenken, irgendetwas Falsches zu tun. Es fühlt sich richtig und gut an. Es fühlt sich einfach richtig und gut an, weil es richtig ist!
Jeden weiteren Abend, an dem ich allein bin, lote ich aus, was mir guttut und was nicht. Selbstverständlich ist klar, dass dies keiner erfahren darf, denn dies würde einer freiwilligen Meldung zur Steinigung in diesem tief katholischen und beinahe „heiligen" Ort gleichkommen.
Ich muss vorsichtig sein.
Kann ich es irgendjemandem anvertrauen?
Ich entscheide für mich, es nicht zu tun.

St. Lambrecht ist ein Dorf, und doch hat es seinen Reiz. Am Rande der Niederen Tauern kann man hier noch zum Nachbarn gehen, wenn man etwas braucht. Die Menschen wirken fast dankbar, wenn man ihre Dienste in Anspruch nimmt, vielleicht auch deswegen, weil, damit fast einhergehend, neuer Tratsch entsteht.
Ich bin bereit für meine Reise, weiß die Richtung, wohin es ge-

hen sollte, den exakten Weg kenne ich jedoch nicht. Eines ist mir aber absolut klar. Mit meiner damaligen Frau kann ich mir diesen Weg nicht vorstellen.
Woher kann ich mir so sicher sein?
Es gibt sie: Die Andeutungen, die Zeichen und ohne die Fragen wirklich auszusprechen, bekomme ich die Antworten. Meine Möglichkeiten, so zu leben, wie ich es als richtig empfinde, sind auf eine Handvoll Ereignisse im Jahr beschränkt. So ist es klar, dass ich am Faschingsdienstag so gut wie immer in Frauenkleidung herumlaufe. Später kommt auch noch der Lifeball dazu, an dem ich das erste Mal nur wegen der internationalen Modenschau teilnehme. Daraus werden viele Male. So gut wie jedes Jahr fahre ich zu dieser Veranstaltung nach Wien.
„Ist mir egal, wenn du dort hingehen möchtest, ich gehe ganz sicher nicht mit." Später stoße ich auf immer stärkeren Widerstand. Dies hat sicherlich auch mit einem Foto von mir auf dem Ball zu tun, das in einer großen steirischen Tageszeitung veröffentlich wird und mich in einem pompösen Abendkleid zeigt, weshalb wir in St. Lambrecht ziemlich ins Gerede kommen.
Meine Frau wird beim Einkaufen schief angeschaut, und hinter uns wird getuschelt und getratscht. Fast jedes Jahr ist es nun vorprogrammiert, dass bei uns im Haus der Lifeball, der für mich zu einer Fixveranstaltung avanciert ist, heftige Wortwechsel auslöst. Das hat einerseits mit dem Zeitpunkt des Balls zu tun, der fast immer in die Tage rund um den Muttertag fällt, aber auch mit den nicht unbeträchtlichen Kosten für Karten, Kostüm und Übernachtung. Von den ganzen Diskussionen brennt sich eine Aussage, die ich immer wieder höre, in mein Gehirn.
„Wenn du dort schon hingehen musst, o. k.! Aber warum immer als Frau?"
Ich erwidere, dass es mir eben gefalle – nicht mehr und nicht weniger. Die Reaktion lege ich aber als prinzipielle Ablehnung meiner Weiblichkeit aus, und mir wird in diesen Auseinander-

setzungen, mit dieser letzten Frage klar, dass alle Möglichkeiten für ein gemeinsames Zusammenleben abgeschnitten wären, wenn ich mich oute.
Heute zurückblickend, weiß ich: Mit diesem Tag sind meine erste Ehe und unser gemeinsamer Weg gestorben.

Als besonders schlimm erachte ich noch heute, dass meine beiden Kinder im Kindergarten von Eltern und anderen Personen gefragt wurden, ob der Papa schwul sei oder ob er Aids habe. Man stelle sich diese Unverfrorenheit vor, Kindern im Alter von drei und fünf Jahren so eine Frage zu stellen.
Ich ziehe mich immer mehr zurück. Meine Maske wird immer größer und mächtiger, und bald schon kann man von dem, was da einmal zwischen uns beiden gewesen ist, nichts mehr erkennen. Unsere Beziehung ist tot. Vielleicht wäre es logisch gewesen, die Ehe sofort zu beenden, dafür fehlt mir jedoch der Mut. Daher dümpeln wir in unserer Beziehung einfach weiter, entfremden uns, und ich spiele die Rolle des perfekten Familienvaters.
Der Druck auf mich, sowohl von meinem Umfeld als auch von meiner Frau, steigt. Ich aber spüre, ich weiß, dass das, was ich in mir fühle, richtig ist. Manchmal, wenn sie mit unseren Kindern vom Einkaufen nach Hause kommt, kratze ich gerade noch die Kurve, und ich ziehe mich schnell im WC um. Die Situation ist unerträglich. Alles ist unerträglich. Meine Frau spürt die Spannung und die Geheimnistuerei. Sie fühlt es, und dennoch kann ich ihr die Gründe nicht mitteilen, da sie mir zum damaligen Zeitpunkt noch nicht vollständig bewusst sind. Da ich die Wahrheit nicht erkennen kann, flüchte ich und isoliere mich.
Obwohl ich es nicht wage, mich ihr anzuvertrauen, bin ich mir in einem Punkt absolut sicher. Meine Frau würde sich unmittelbar nach einer Offenlegung meiner Situation von mir abwenden. In meiner schwierigen Lage kann ich keine weitere Baustelle ge-

brauchen, schon gar keine, wo ich neben meiner Identitätskrise auch noch um meine Kinder bangen muss.
Ich verfalle in die Rolle des unglücklichen Ernährers, bin jemand, der gut für handwerkliche Tätigkeiten zu gebrauchen ist, der auch da ist, wenn es darum geht, mit den Kindern zu lernen; die emotionale Ebene bricht vollkommen ein.
Zu den inneren Spannungen kommen Sorgen und Schicksalsschläge innerhalb des engsten Familienkreises meiner Frau, die sich sehr für ihre Familie einsetzt. Dies treibt uns immer weiter auseinander, da ich mich vernachlässigt fühle.
Ich bin der berühmte Druckkochtopf, der zu explodieren droht, da mein Ventil längst verschlossen ist. Nach außen akzeptiere ich alles, spiele überall mit, spreche mich kaum gegen etwas aus. Ich habe im Innersten meines Körpers eine Auseinandersetzung mit mir selbst und bin zu müde, mich auch noch wegen irgendetwas anderem herumzustreiten. Mein Ventil verstopft dadurch immer mehr, und es ist nur noch eine Frage der Zeit, wann der Kessel explodieren wird.
Dann ist es soweit:
Aufgrund der Erfahrungen in den Gesprächen mit meiner Frau und dem inneren Druck, dem ich ausgesetzt bin, ziehe ich die Notbremse und steige unter allgemeinem Kopfschütteln aller Bekannten und Freunde von heute auf morgen aus einer für alle glücklich wirkenden Beziehung aus. Vielen wird es damals vorgekommen sein, dass Margit der Grund für die Trennung gewesen ist, doch das stimmt nicht. Man unterstellt mir ein jahrelanges Verhältnis mit Margit, denn kein vernünftiger Mensch würde innerhalb von nur vier Wochen eine 18-jährige Ehe hinwerfen und beenden. Der Richter, der unsere Ehe scheiden sollte, sieht dies auch so. Dieser „Schuldspruch" belastet mich finanziell bis heute, aber ich habe mein Leben gewonnen. Was mich noch immer sehr schmerzt, ist der „Verlust" meiner Kinder.

Doch hatte ich eine Wahl? Gab es einen anderen Weg?
Da war keine Luft mehr zum Atmen, da war kein Platz, um zu wachsen. Enge und Engstirnigkeit drängten mich aus der Beziehung hinaus. Ich konnte gar nicht anders, als diesen Schritt zu setzen.
Ich war am Verdursten und Verbluten und kann mich in dieser Situation nur mit Aron Lee Ralston vergleichen, jenem Extremsportler, der, nachdem er tagelang in einer Schlucht eingeklemmt gewesen war, sich dazu entschied, seinen eigenen Arm selbst mit einem Taschenmesser abzusägen, um zu überleben, um sich zu befreien. Es war exakt dieser Überlebenskampf, den ich führte. Der Preis, den ich dafür zahlte, war hoch. Der Scherbenhaufen, den ich zurückließ, ebenfalls.
Mich bedrückt die Situation mit meinen Kindern noch immer, und es schmerzt mich, was ich ihnen angetan habe. Ich hoffe, sie werden mich einmal verstehen und mir verzeihen können.

Es ist März 2006

Klaus hat mir erzählt, dass gerade der Herbst in Südafrika eine besonders schöne Zeit ist, wenn sich die endlos wirkenden Weinstockzeilen verfärben und der Glanz des weicher werdenden Sonnenlichts sich in den Bewässerungsseen widerspiegelt. Margit gefallen die Erzählungen, obwohl sie umgehend feststellt, dass meine von mir als glücklich beschriebene Ehe ja doch nicht so gut sein könne, wenn ich alleine auf Urlaub fahre.
Das geht mir erheblich gegen den Strich.
Eine Frau, die sich anmaßt, meine Aussagen infrage zu stellen – das ist mir absolut fremd. Im Laufe des Abends wird die Diskussion immer heftiger, und ich bin knapp davor, dieser blonden,

langmähnigen „Tussi“ gehörig die Meinung zu sagen. Mein „gutes Benehmen“, das ich mir über all die Jahre angeeignet habe, ist letztendlich dafür verantwortlich, es nicht zu tun.
So vergeht der Abend für mich mit einem ständigen „Mir-auf-die-Zunge-Beißen“. Eigentlich will ich vor dieser Frau fliehen. Stinksauer, aber doch auch beeindruckt von ihr, verlasse ich gegen Mitternacht die Veranstaltung.
Ich übernachte in Graz, wo ich bei meinem damaligen Schwager immer ein Platzerl finde. Ich lege mich ins Bett.
Meine Gedanken kreisen ständig um diese Frau.
„Was hat sie bloß mit mir gemacht?“, denke ich, „warum werde ich sie nicht los?“
Der nächste Morgen startet mit einem tiefroten und wolkenlosen Himmel. Die sonst so hartnäckigen Nebel über Graz haben sich schneller als üblich verzogen, und ich begebe mich in mein Büro. Früh wie immer sitze ich an meinem Arbeitsplatz, und wieder sind da die Gedanken an diese Frau, wobei ich mich nur noch daran erinnern kann, dass sie eine Tochter hat, alleinerziehend ist und in Graz wohnt. Obwohl wir uns alle einander vorgestellt haben, ist mir ihr Name entfallen, nicht jedoch das Unternehmen, in dem sie tätig ist. Zu lange schon habe ich geschäftlich mit dieser Firma zu tun.

Endlich ist es acht Uhr, jetzt öffnen die meisten Firmen ihre Pforten. Ich greife zum Hörer und rufe die Dame in jener Firma an, die uns alle zu diesem Event eingeladen hat. Aber wie soll ich meine Frage bloß formulieren, ohne ins Gerede zu kommen? Ich will ja nur den entfallenen Namen der Dame vom Vorabend erfragen, sonst nichts. Mir ist klar, dass die Organisatorin der einladenden Firma ganz sicher weiß, wie sie heißt, zumal wir uns alle im Vorfeld zu dieser Veranstaltung anmeldet haben. Was ich jedoch nicht weiß, ist, dass gerade diese Dame zu dieser Zeit auch zugleich die beste Freundin von Margit ist. Später einmal sollte mir Margit erzählen, dass es keine fünf Minuten gedauert hat, bis sie von meinem Anruf und meiner Anfrage erfährt.

Das Telefon läutet, und die gewünschte Gesprächspartnerin ist auch gleich am Apparat.

„Guten Morgen, Herr Strasser! Haben Sie den Abend bei uns genossen? Wie darf ich Ihnen helfen?"

In meinem üblichen, leicht grantigen Ton erwidere ich das „Morgen" und ersuche die Dame, mir den Namen meiner Sitznachbarin mitzuteilen.

Einfache Frage, einfache Antwort, so denke ich zumindest.

Wie üblich ist mein Ansinnen alles andere als eine Frage. Es ist vielmehr eine Forderung. Die Antwort, die ich erhalte, ist jedoch für mich überraschend und absolut inakzeptabel.

„Herr Strasser, Sie wissen doch, dass ich Ihnen das
gar nicht sagen darf. Datenschutz, Sie verstehen?"

Wie, Datenschutz? Was für ein Schwachsinn!

Ich will ja nur einen Namen und sonst nichts. Ich lasse die Bemerkung fallen, dass ich ja nicht unbedingt verpflichtet sei, die für mein Unternehmen notwendigen Produkte in dieser Firma zu beschaffen. Ich bin ein guter Kunde. Nein, mein Umsatz mit diesem Unternehmen ist gut, äußerst gut. Längst habe ich die Grenze von € 32.000 pro Jahr überschritten, was in dieser Branche schon eher unüblich und ganz erheblich viel ist. So liege ich mit meinem Umsatz im absoluten Spitzenfeld der Kundenstatistik dieses Lieferanten.

In all meinen bisherigen Einkaufsschulungen wurde mir eingedrillt, die eigene Wichtigkeit im Unternehmen des Geschäftspartners zu kennen. Wenn man erst einmal weiß, dass man zu den Top-Kunden zählt, dann hört sich das Fragen auf. Man stellt Forderungen.

Ich stelle Forderungen und lasse auch keinen Zweifel aufkommen, dass ich es ernst meine.

Es dauert keine zehn Sekunden, und die Dame auf der anderen Seite gibt mir Auskunft: „Margit, Margit E."
Anstatt eines Dankeschöns kommen mir die Worte: „Na, so schwer war das jetzt wohl nicht", über die Lippen, „oder?"
Meine damalige Geschäftspartnerin denkt sich ganz sicher: „Was für ein Arschloch."
Gedanken sind bekanntlich frei, und ich möchte nicht wissen, wie viele meiner Geschäftspartner sich mehrmals gewünscht hätten, ich würde mir ein Bein oder besser noch beide Beine brechen.
Ohne ein weiteres Grußwort lege ich den Hörer auf.

Elf Tage noch bis zum Urlaub.
Ich freue mich wie ein Kind, das kaum erwarten kann, dass das Christkind endlich kommt, und habe mir deswegen auch einen Counter auf dem PC meines Büros eingerichtet, der exakt die Stunden bis zum Abheben meines Fliegers anzeigt.
Im Kopf gehe ich die Sehenswürdigkeiten durch, die ich unbedingt besuchen will:

Kapstadt,
den Tafelberg,
das Kap der Guten Hoffnung,
die Weingegend rund um Stellenbosch.
Über Simonstown habe ich gelesen, dass es dort tatsächlich eine frei lebende Pinguinkolonie gibt.
Wenn ich an all das denke, scheint mir mein zweiwöchiger Urlaub schon jetzt viel zu kurz zu sein.
Margit, Margit E.!
Ich steige ins Internet ein und beginne zu googeln. Schau an, schau an! Die Dame hat einmal bei einem Preisausschreiben einer Zeitung gewonnen. Die Adresse zu finden, ist für mich ein Klacks, und schon drucke ich sie mir aus.

Die Karte von Graz verrät mir, dass ich in dieser Gegend überhaupt noch nie war. Es gibt anscheinend doch noch weiße Flecken auf der Landkarte von Graz. Ich übertrage die Daten auf mein Handy.
Die Zeit läuft unaufhörlich, und jetzt sind es nur zwei Tage bis zum Abflug. In den letzten vierzehn Tagen habe ich nicht einmal versucht, Margit zu erreichen.
Was hätte ich ihr auch sagen sollen?
Womit meinen Anruf begründen können?

Dann ist es endlich so weit. Der Tag ist da.
Der Flug führt mich über Wien nach Frankfurt und dann direkt nach Kapstadt.
Abflug Frankfurt um 22:00 Uhr
Ankunft Kapstadt ca. 10:00 Uhr.
Ankunftstag und -zeit sind penibel mit Klaus abgestimmt.
„Hoffentlich verlaufe ich mich nicht."

Mein Sicherheitsfanatismus treibt lustige Auswüchse, und ich stelle mir schon vor, wie das so wäre, alleine in einem fremden Land einfach vergessen zu werden.
Von Europa kommend, überfliegt man auf dem Weg zur Landebahn in Kapstadt zuerst den Tafelberg. Im Sinkflug geht es hinaus bis zum Kap der Guten Hoffnung, wo das Flugzeug dreht und direkt auf den Flughafen zusteuert.
Ich denke, dass dieser Anflug auch aus touristischen Gründen gewählt wird, und er verfehlt seine Wirkung nicht. Der erste Eindruck ist gewaltig.
Das Haus von Klaus liegt ca. 40 Kilometer von Kapstadt entfernt direkt am Strand. Ein Blick aus dem Fenster des Wohnzimmers entschädigt für die Strapazen des Flugs. Vor mir liegt die False Bay, die größte Bucht Afrikas. Bei Nacht und klarem Wetter kann man in der Ferne das Blinken des Leuchtturms vom Kap

der Guten Hoffnung erkennen. Eindrücke prasseln auf mich ein, erschlagen mich fast.
Es ist noch früh am Morgen, und ich bin alleine unterwegs. Ich habe mir vorgenommen, in meinem Urlaub ein wenig mehr Sport als zu Hause zu treiben, und daher nütze ich das spätere Aufstehen von Klaus und Hadwig, gehe jeden Morgen zum Strand und laufe so meine zehn, manchmal auch 20 Kilometer. Noch sind kaum Menschen unterwegs; eigentlich ist es ziemlich riskant, um diese Uhrzeit alleine auf die Straße zu gehen. Mein Verhalten als Tourist gleicht schon fast einer Aufforderung zum Überfallenwerden. Freiwillig ist jetzt kein Mensch da draußen.
Die Sonne geht gerade auf. Auch wenn sie dies über dem Festland tut, ist es ein besonderes Naturschauspiel. Die endlos langen, orangegelben Strahlen werden durch die Spiegelung und Brechungen der Wellen vervielfacht. Ein riesiger Lichterteppich breitet sich vor mir aus und bedeckt die Meeresoberfläche, die sich wie ein seidenes Tuch durch Wind und Wellen leicht auf und ab bewegt. Hie und da springt ein Delphin kurz aus dem Wasser, um für seinen nächsten Tauchgang genügend Luft einzuatmen. Bald ist es 09:30 Uhr, und ich kehre um.
Ich folge der Uferstraße zurück zum Haus. Hadwig und Klaus würden schon auf sein. Auf meinem Weg zurück komme ich an einem Souvenirladen vorbei. Auf den ersten Blick sehe ich nichts, was ich kaufen will. Schon will ich weitergehen, da stolpere ich beim Verlassen des Geschäfts, geblendet von der Sonne, in einen Ständer, der mit Ansichtskarten bestückt ist. Ich ziehe eine Luftaufnahme vom Western Cape hervor. Klassisch und einfach wunderschön.
Darauf zu sehen: der Tafelberg, Kapstadt und die Strände in unmittelbarer Nähe.
Plötzlich denke ich an die Frau, die ich bei der Firmenveranstaltung kennengelernt habe, nehme die Karte, gehe ins Geschäft, bezahle und eile zurück zum Haus.

Hadwig und Klaus sind tatsächlich schon auf, und ein Ausflug in eines der besten Weingüter zwischen Stellenbosch und Boschental wird geplant.
Bevor ich zu Klaus auf die Terrasse gehe, nehme ich die Postkarte, die ich heute Morgen gekauft habe, setze mich hin und schreibe.
Ich nehme die Karte und packe sie in meine Tasche, die ich für unseren Ausflug hergerichtet habe.
Stellenbosch ist die zweitälteste Stadt Südafrikas. Hier ist alles anders. Es wirkt, als habe man eine Reise zurück in die Zeit der großen Erkundungsfahrten der Engländer und Holländer angetreten. Irgendwie erwartet man, dass hinter den Häusern noch Pferdekutschen stehen. Alles schaut aus wie in einem großen Freilichtmuseum.
Seit Stunden sind wir jetzt schon unterwegs, und vom Gehen ein wenig müde, setzen wir uns in den schattigen Gastgarten eines kleinen Restaurants.
Einzig und allein der Kaffee ist gewöhnungsbedürftig. Ich bin mir noch nicht ganz sicher, ob ich mir nach einer Woche „Genuss" dieser Brühe das Kaffeetrinken vielleicht abgewöhnen werde.
Da fällt mir am unmittelbar angrenzenden Gebäude, keine zehn Meter von mir entfernt, ein roter, leicht verrosteter Behälter auf, der an der Wand direkt neben der Eingangstür hängt. Ein Briefkasten, ein alter zwar, aber tatsächlich ein Briefkasten. Ein relativ neu wirkendes Etikett auf der Stirnseite veranlasst mich anzunehmen, dass er doch noch geleert wird. Ich greife in meine Tasche und nehme die Ansichtskarte heraus, die ich heute am Morgen geschrieben habe. Ein letztes Mal lese ich sie mir noch durch. Dann verschwindet sie im Schlund des Behälters.
Die Zeit in Südafrika rinnt dahin wie der Sand in einer Sanduhr, unaufhörlich und gnadenlos, und schon bald ist es soweit.

Mein Flieger startet in vier Stunden, und Klaus bringt mich direkt zur Abflughalle. Der Abschied ist herzlich, und wir umarmen einander. Klaus ist in all den Jahren unserer gemeinsamen beruflichen Tätigkeit ein guter Freund und ein bisschen wie ein Vater für mich geworden.
Ich gebe mein Gepäck auf und setze mich noch für einige Minuten auf die Terrasse des Restaurants. Der Tafelberg hat sein Tischtuch aufgelegt. Wie Tropfen fallen die Nebelschwaden in die Tiefe, wo sie nach und nach verdunsten.
Letzter Aufruf zum Boarding.
Ich steige ins Flugzeug, und die Stewardess geleitet mich zu meinem Platz. Glücklicherweise habe ich einen Fensterplatz. Hinaus auf das Rollfeld. So, wie wir gekommen sind, starten wir auch. Das Kap ist nur noch in verschiedenen Grautönen zu erahnen. Ab nach Hause!
Zwölf Stunden später Landung in Frankfurt, und danach ab nach Wien! Alles läuft problemlos. Erschöpft und geschlaucht von meiner Reise hole ich mein Gepäck und gehe durch das Ankunftstor. Meine beiden Kinder springen wie verrückt auf und ab, sodass ich sie überhaupt nicht übersehen kann. Sie haben es sich nicht nehmen lassen, mit auf den Flughafen zu kommen, und laufen auf mich zu. Ich nehme sie in meine Arme, drücke sie und bin glücklich, sie wieder bei mir zu haben.
Die Akklimatisierung zu Hause ist schlimm. All die befreienden Momente sind von einer Sekunde auf die andere verschwunden, und ich bin in meinem Alltagstrott, in dem ich nur eines wirklich muss: funktionieren. Da es bereits Freitag ist, rette ich mich über die Zeit und denke mir, dass ich schon in vier Tagen wieder in meinem Büro sitzen werde. Ich denke an die wunderschönen Erlebnisse, an Klaus und Hadwig, an die Farben und Gerüche von einer Intensität, wie ich sie zuvor noch niemals erlebt habe.

05:00 Uhr: Der Wecker läutet.
Ich stehe auf und starte die Kaffeemaschine. Während sich die Kanne füllt, bin ich im Bad, wasche und rasiere mich. Dies alles dauert nicht wirklich lange, und ich bin für den Abmarsch fertig. Noch schnell einen Schluck Kaffee. Wenigstens ist der im Verhältnis zu dem in Südafrika wesentlich besser. Allzu gerne würde ich jedoch meinen noch so guten Kaffee gegen eine Wiederholung meines Urlaubs eintauschen. Eine dreiviertel Stunde später mache ich mich auf zum Bahnhof, der nur fünf Gehminuten von unserer Wohnung entfernt ist. Ich gehe um das Bahnhofsgebäude herum und begebe mich gleich direkt zum Gleis 3. Da unser Bahnhof ein sehr kleiner ist, gibt es auch keine Unterführung, sondern man kann über Stege zum jeweiligen Gleis gelangen.

06:04 Uhr.
Gerade überquert der Zug den letzten Bahnübergang, kaum 500 Meter von unserer Haltestelle entfernt. Fast im Schritttempo fährt er in den Bahnhof ein. Wie immer steige ich in den zweiten Wagen. Hier treffe ich auf meine Pendlertruppe, mit der ich beinahe täglich nach Graz fahre. Unser Zug ist eine sogenannte Schnellverbindung nach Graz, und wir benötigen für die rund vierzig Kilometer nur 30 Minuten. Wir verlassen den Zug und strömen auseinander, jeder zu seiner weiteren Verbindung. Ein letztes „Wünsch euch einen schönen Arbeitstag und freu mich schon auf morgen" verhallt im Getöse der inzwischen gefüllten Halle des Hauptbahnhofs. Hunderte Menschen hetzen hin und her. Manch einer kann der Verlockung der frischen Krapfen nicht widerstehen, andere kaufen sich Wurstsemmeln für die Pause.
Ein alter Mann mit grauem Bart und schütterem Haar sitzt auf einer Bank mitten in der Halle und beobachtet die ankommenden Massen. Er wirkt verstört.

Mir fällt dazu der Song „The Fool on the Hill“ der Beatles ein, der einen Verrückten beschreibt, der auf dem Gipfel eines Berges sitzt und sich die Hektik der Menschen im Tal jeden Tag immer und immer wieder ansieht. Und wie im Song könnte sich auch der alte Mann hier auf der Bank denken:
Was sind das da bloß für Idioten? Rennen wie irre hin und her; Zeit ist knapp. Im Gehen verschlingen sie das Gekaufte, da man ja eigentlich schon längst im Büro sitzen sollte. So schlucken sie ihr Frühstück hinunter, bevor sie in die berstend volle Straßenbahn einsteigen. Kein Lächeln, kein freundliches „Guten Morgen“. Grantig hasten sie weiter.
„And the fool on the hill sees the world going down ...“
... Und er ist der Einzige, der in aller Ruhe den Sonnenaufgang durch das große Fenster der Bahnhofshalle beobachtet. Am Abend würde er noch immer hier sitzen. Wenn ich es richtig bedenke, ist gerade er der einzige Nicht-Verrückte.

Das Busfahren habe ich mir schon längst abgewöhnt. Zu voll, zu stinkig, zu teuer. Stattdessen habe ich mir vor Jahren ein altes Fahrrad um gerade einmal fünfzig Schilling auf dem Flohmarkt gekauft. Klar, es hat keine Extras, dafür wird es hier auf *dem* Schwarzbeschaffungsmarkt für Fahrräder schlechthin auch nicht gestohlen. Ich nehme meinen Schlüssel aus dem Rucksack und öffne das Schloss. Von hier bis zur Uni brauche ich maximal zehn Minuten. Mit Öffis würde es um einiges länger dauern, und zusätzlich mache ich so wenigstens ein bisschen Bewegung, um meinen Kreislauf endgültig auf Touren zu bringen.
Der Tag verläuft ohne besondere Vorkommnisse. Nach meinem Urlaub lautet die Devise: „Einmal ganz ruhig angehen“. Diese Möglichkeit habe ich erst, seit ich hier die Stelle an der Uni angenommen habe. Früher einmal, in meinem vorherigen Job, hatte ich garantiert an die 200 ungelesene E-Mails nach nur ei-

nem einwöchigen Urlaub. Klar! Viele davon hätte man gleich kübeln können, aber die Funktion „cancel all“ ist leider nicht einsetzbar und wäre auch nicht wirklich ideal gewesen. In den Pausen erzähle ich vom Urlaub und berichte auch einigen Geschäftspartnern darüber.

Beim Check meiner E-Mails vermisse ich eine Nachricht von Margit, der ich doch die Ansichtskarte aus Stellenbosch geschickt habe. Sollte sie tatsächlich noch nicht angekommen sein?

„Na, was soll's. Dann eben nicht!“, denke ich mir.

Die Stunden in der Arbeit verfliegen. Ein geplanter Investitionswunsch des Instituts für Anatomie bindet fast 70 Prozent meiner heutigen Zeitressourcen. Der Institutsvorstand hat einen Antrag für die Sanierung der Leichengruften gestellt. Ich rufe ihn an und vereinbare einen Termin, um mir das „Problem“ vor Ort überhaupt einmal anzusehen. Bis zum Institut benötige ich zu Fuß nicht länger als drei Minuten. Nach Abklärung und Festlegung des gewünschten Investitionsvolumens komme ich nicht umhin, bei der Vorstandssekretärin einen Kaffee zu trinken. Wir nehmen ihn zwischen den ausgestellten und präparierten Leichenteilen zu uns. Längst habe ich mich an den Anblick von Schädeln, eingelegten Gehirnen, konservierten Herzen, Nieren und Lebern gewöhnt. Meinen Appetit kann man mir damit nicht verderben. Als ich vor rund einem Jahr an die Uni gekommen bin, noch dazu ohne akademischen Grad, war mir sofort klar, dass ein Zugang zu den Institutsvorständen einzig und allein über die Chefsekretärinnen möglich ist. Sie sind die Eintrittskarte. Wie in mancher Ehe haben sie das eigentliche Sagen, auch wenn der Boss so wie der Ehemann denkt, dass es umgekehrt sei.

Tja, die Logik der Männer ist nicht immer nachvollziehbar.

Den ersten Tag nach meinem Urlaub habe ich geschafft. War ja nicht einmal so schlimm. Eigentlich habe ich mich auf das Arbei-

ten schon gefreut. Viele Chefsekretärinnen sind inzwischen so etwas wie Freudinnen geworden.
Der nächste Morgen, es ist Mittwoch, der 19. April 2006, startet wie jeder andere Arbeitstag, obgleich ich heute noch viel öfter an Margit denke. Keine Ahnung, warum. Die Zeit, in der man E-Mails auch am Handy lesen kann, wird erst kommen, und so muss ich dringend in die Firma, um meine Nachrichten zu checken.
Langsam, aber sicher werde ich sauer.
Wieder ist da keine E-Mail. Bereits bei unserem ersten Aufeinandertreffen habe ich ihr von meinem bevorstehenden Urlaub in Südafrika vorgeschwärmt und dann auch noch die Ansichtskarte geschickt. Wie schon erwähnt, kenne ich die Firma, in der Margit gearbeitet hat, beinahe wie meine eigene Westentasche.
Ich hole meine Notiz mit der Anschrift von Margit hervor.
Margit E.
Obwohl der Nachname eher ungewöhnlich ist, habe ich ihn vergessen. Jetzt, wo ich die Informationen beisammen habe, kann ich mir aufgrund der Visitenkarte eines Geschäftspartners bei dieser Firma und somit eines Arbeitskollegen von Margit ihre E-Mail-Adresse zusammensetzen.
Ich drücke den Senden-Button.
Es ist exakt 09:35 Uhr.
Nichts, aber schon gar nichts weist in diesem Moment darauf hin, dass das die wohl größte Veränderung meines Lebens einleitet.
Meine E-Mail ist kurz. Eigentlich besteht sie überhaupt nur aus einer Betreffzeile:
„Ich hoffe, Sie haben die Karte aus Südafrika bekommen.
Text: Liebe Grüße ...
Was sonst hätte ich ihr auch schreiben sollen, warum schreibe ich ihr überhaupt? Was soll das alles?

Acht Minuten später die Antwort.
Ich habe ein mulmiges Gefühl, als ich die E-Mail öffne. Keine Ahnung, wie sie antwortet. Vielleicht fühlt sie sich belästigt, vielleicht will sie ihre Ruhe haben ...
Soll ich mich trauen, die Mail zu öffnen?
Was kommt, ist äußerst freundlich und widerlegt meinen ersten Eindruck von der arroganten, blonden Tussi.
Ganz im Gegenteil: Ihre Antwort ist nett, einfach nur nett.
Sie schreibt: „In Zeiten von E-Mail und SMS freut Frau sich darüber, im Postkasten einmal etwas anderes als Rechnungen und Prospekte zu bekommen.“

Meine Erzählungen und Fotos über E-Mails faszinieren sie. Immer wieder muss ich darauf achten, dass das Datenvolumen meiner Mails nicht den Mailserver in ihrer Firma zum Absturz bringt. Die Kapazität der Rechner vor knapp acht Jahren ist um ein Vielfaches geringer als heute, und wenn wir uns viel erlauben konnten, ganz sicher nicht, einen Totalausfall des Systems wegen irgendwelcher privaten E-Mails zu verursachen.

Mai 1980

Ich muss in die Schule.
Es ist das letzte Jahr in der Hauptschule, und da die Noten für das Schuljahr bereits abgeschlossen sind, sitzen wir nur mehr herum und warten, dass die Zeit vergeht. Morgen ist das große Sportabschlussfest, und jeder „darf“ dabei starten. Ich habe mich für den Langstreckenlauf gemeldet. Sprints sind noch nie meine Sache gewesen, aber je länger die Strecke, desto besser bin ich. Ausdauer halt!
In den Räumen vor der Sporthalle sind meine Schulkameraden gerade dabei, sich umzuziehen. Die meisten gehen nicht ein-

mal in die dafür vorgesehenen Kabinen, sondern erledigen das gleich an Ort und Stelle in der Garderobe. Halbnackt stehen sie hier und bewundern gegenseitig ihre körperlichen Veränderungen.
„Du bist verklemmt", spötteln meine Kameraden, und immer wieder protzen sie mit dem ersten Sex, der so „geil" war, wobei ich bei vielen annehme, dass sie wahrscheinlich überhaupt noch gar keinen hatten.
Ich hasse Turnen. Alle Kampf- und Kraftsportarten und all jene, bei denen man sich zusätzlich auch noch berühren muss und dabei am Schweiß des Gegenspielers abrutscht, sind einfach das Letzte für mich. Ekelig!
Ich kann es nicht leiden, mich vor den Kollegen auszuziehen. Als einer der wenigen benutze ich die dafür vorgesehenen Kabinen.
Dann Gruppenduschen nach dem Sport: Einfach „super"!
Blöde Sprüche über flach gelegte Mädchen! Mädchen werden als Ware gesehen, denen man es ordentlich besorgen müsse. „Die brauchen das!"
Ich schäme mich für dieses Gehabe und die abfälligen Bemerkungen.
Auf dem Pausenhof hat sich eine kleinere Gruppe halbwüchsiger Burschen zusammengerottet und attackiert jedes weibliche „Objekt", das an ihnen vorbei muss.
Ich stelle mich vor sie und verlange, dass sie Susi in Frieden lassen sollen. Dies bringt mir ein verhöhnendes „Schwuchtel" und „Weichei" ein.
Ich bin mir sicher, dass ich Recht habe, nicht wegzuschauen, und will dem Mädchen zu Hilfe kommen, doch ich werde abgedrängt. An allen möglichen und unmöglichen Stellen wird sie begrapscht. Verzweifelt schaut sie um sich.
Nichts als grinsende Gesichter, Susi will flüchten. Doch da ist kein Entkommen. Als Fritz versucht, sie zu küssen und dabei seine Zunge in ihren Hals zu stecken, reicht es mir endgültig. Ich

reiße mich los, laufe zu Susi, und Hand in Hand hauen wir ab. Noch einmal ist alles gut gegangen.
Hinter dem Schulhof steht ein alter Lindenbaum, der bereits so früh im Jahr seine Blätter abwirft. Viel zu früh, aber durch das Zubetonieren der Wiese, auf der er steht, wird ihm die Möglichkeit abgeschnitten, zu ausreichend Wasser zu gelangen. Verrückt eigentlich!
Wir kaufen Bäume, schleppen sie nach Hause, um uns ein schönes Umfeld zu gestalten, und dann lassen wir sie einfach verrecken.
Susi weint und sucht die Schuld am Vorgefallenen bei sich. Was hat sie falsch gemacht? Warum sollte sie sich das alles gefallen lassen?
Sie ist doch kein Freiwild, keine Sache, die man sich einfach nimmt und mit ihr macht, was man will.
Aus der Ferne höre ich, wie sie lachen und mit ihren Fingern auf uns zeigen. „Wir kriegen euch schon noch!"
Ich nehme Susi in die Arme. Obwohl wir kein Paar sind, drückt sie sich so eng an mich, dass ich ihr Herz spüren kann. Es pocht wie wild, und ihr Atem ist kurz und schnell. Das T-Shirt, das sie trägt, ist nass und durchgeschwitzt.
Nur langsam beruhigt sie sich.
Wie würde es morgen sein, was alles müssten wir morgen wieder über uns ergehen lassen?
„Es sind Schweine, Susi, einfach dumme Schweine."
Die Anfeindungen werden jede Woche heftiger, und ich bin immer der, der beim Sport niemals freiwillig in eine Mannschaft gewählt wird, bin der, der übrig bleibt, der, der nur Spott und Hohn zu spüren bekommt. Ich schalte meinen Kopf auf Durchzug. Links rein und rechts gleich wieder raus.
Ich sehne die Ferien herbei, die schon bald beginnen, um diesen Ort ein für alle Mal verlassen zu können.
Eine Aussicht, ein Lichtblick!

Susi und ich würden uns gemeinsam bis zu diesem Zeitpunkt hinüberretten.
Sie verlässt wie ich die Schule am Ende dieses Schuljahrs. Ich habe sie nie mehr wieder gesehen.
Ich hoffe, es geht ihr gut.

April 2006

Ich versuche Margit zu einem Treffen zu überreden und schreibe ihr, dass es viel geschickter wäre, wenn wir uns treffen würden, dann bräuchten wir auch nicht ständig die Fotos beinahe einzeln zu übersenden.
Es ist, als würde ein Tauber eine Blinde fragen, welche Farbe das Auto hat, das vor ihrer Nase parkt. Margit ignoriert mein Fragen, wiederholtes Nachstoßen ebenso.
Ich bin verzaubert von der Intensität ihrer Zeilen, von ihrer Art zu antworten. Aus ihren Reaktionen spüre ich ihre Sehnsucht: nach dem Frieden der kilometerlangen, leeren Sandstrände, nach den Schaumkronen der sich an den steilen Klippen brechenden Wellen, nach den autoleeren Straßen, die sich durch endlos wirkende Weizenfelder ziehen, die überreif im satten Gelb durch die hochstehende Sonne noch einen Touch von Gold bekommen.
Das Feuer beginnt zu lodern, auch wenn sie sich noch immer die Frage stellt: „Was will dieser Mann eigentlich von mir?"
„Bald schon können wir das Mailen einstellen", meint sie, nicht wissend, dass ich so an die 5000 Fotos in meinem Urlaub geschossen habe.
Ich grinse vor mich hin. Digitalfotografie sei Dank!
Neue Mail.
Im Anhang befinden sich Fotos in der Größenordnung von rund zwei GB, einer Menge, die selbst heute noch Server an

ihre Leistungsgrenze bringt. Das System droht zum Stillstand zu kommen. Margit ruft mich an und meint, dass wir das so nicht mehr machen könnten, sie stünde kurz davor, von ihrem EDV-Administrator eins über die Rübe zu bekommen.
Ich wiederhole meinen Vorschlag, uns in Graz in einem Lokal zu treffen. Sie willigt ein. Meine Taktik hat also endlich Erfolg. Schon Dienstag nächster Woche würden wir uns sehen.
Ich bin alles andere als ein Traummann, davon bin ich überzeugt, und mein Bekleidungsstil unterstreicht das Ganze auch noch. Meiner Frau erzähle ich, dass ich heute nach der Arbeit in Graz bleiben würde, um einen Mitarbeiter aus dem Hause eines Lieferanten zu treffen, was ja auch stimmt.
Sie hat kein Problem damit. Sie hat nie ein Problem damit. Eigentlich ist sie froh, außen vor gelassen zu werden.
Der klassische Treffpunkt: Eine große Uhr im Grazer Zentrum, benannt nach dem gleichnamigen und unmittelbar daneben liegenden Juwelier- und Uhrengeschäft, ist für unseren Treffpunkt vereinbart.
Erst Monate später erzählt mir Margit, dass sie auf dem Weg dorthin sogar noch überlegt hat, umzudrehen.
Doch es kommt anders. Alles kommt anders.
Fünf vor sieben, sieben Uhr abends versteht sich.
Ich komme mit dem Fahrrad und stelle mich zu den Wartenden.
Die Straßenbahn hält mit lautem Getöse, und beinahe alle Fahrgäste steigen aus.
Ich mustere die Gruppe. Nein, sie ist nicht dabei.
Nur drei Personen bleiben in der Bim sitzen und genießen für eine kurze Fahrt bis zur nächsten Haltestelle den freien Raum und die frische Luft, die durch die geöffneten Fenster eindringt.
„Zehn Minuten warte ich noch, dann gehe ich."
Margit kommt.
Sie schaut sehr attraktiv aus, auch wenn ich glaube, in ihrem Gesicht verhärmte Züge feststellen zu können.

Da ich eher selten durch Graz ziehe, ist die Auswahl der mir bekannten Lokale auf eine Handvoll reduziert. Wenn ich schon irgendwohin unterwegs bin, dann meist in Begleitung eines Freundes.
Da dieser sich mir gegenüber geoutet und zu seiner Homosexualität bekannt hat, ist es naheliegend, dass auch die meisten Cafés und Bars, in denen wir unterwegs sind, in diese Richtung tendieren und als einschlägige Treffpunkte in der Szene bekannt sind. Eigentlich ist es dort viel angenehmer als in all den anderen Lokalen, auch für einen „Heterosexuellen" wie mich. Einmal klargestellt, dass man keinen Partner für irgendwelche Spielchen sucht, wird man in Ruhe gelassen, obwohl ich damals für manch einen ganz sicher ein nettes Häppchen oder Betthupferl gewesen wäre.
Wir gehen in ein klitzekleines Lokal, nur wenige Meter vom Hauptplatz entfernt. Der Weg dorthin führt uns durch ein schmales, enges Gässchen, in das um diese Uhrzeit aufgrund der Jahreszeit schon lange kein Licht mehr fällt.
Die Schatten der spärlichen Beleuchtung haben längst die Oberhand.
Schnell um's Eck, und rein mit uns, schließlich will ich mit dieser blonden Frau keine Bekannten treffen. Genauer betrachtet, ist diese Überlegung ein kompletter Schwachsinn, zumal der Kellner des Restaurants schwul ist, mich und meinen Freund aus diversen Lokalen kennt, und wenn er es gewollt hätte, hätte er mich auffliegen lassen können. Aber was sollte er schon erzählen? Dass ich mich mit jemandem getroffen habe, mit dem ich ein Glas Wein trinke?
Ich packe mein Notebook aus, denn immerhin sind die Fotos aus Südafrika der Grund für unser Treffen.
Wir nehmen an einem der kleinen runden Tische Platz.
Die Mauern des Lokals – Überreste der ehemaligen Altstadt – sind so dick, dass ein Handyempfang nicht möglich ist, was ich

sehr positiv finde. So laufe ich nicht Gefahr, Anrufe entgegennehmen und irgendwelche Rechtfertigungen über meinen aktuellen Standort abgeben zu müssen.
Ich glaube, dass ich ein gutes Auge für die Fotografie habe, und da ich bereits im Urlaub meine Fotos von der Kamera auf das Notebook überspielt und dabei auch aussortiert habe, sind die meisten mehr als akzeptabel.
Mir gefallen sie jedenfalls.
Das Blau des Meeres, das Rot der eisenoxyd-durchtränkten Felsen der kleinen Karou, ein fast menschenleerer Landstrich ca. 500 km nördlich von Kapstadt, der Tafelberg mit seinem Blick weit über die Nebelbänke des Meeres hinaus und all die anderen Objekte meiner Fotos führen dazu, dass ich Margit immer mehr in meinen Bann ziehe.
Als wir gehen, es ist vielleicht gerade einmal 21:30 Uhr, wahrscheinlich sogar noch früher, bieten wir einander kurzerhand das Du-Wort an.
Wir stehen in einer Ecke der verwinkelten Gassen und spüren die Sehnsucht, einander zu küssen, zu umarmen. Uns ist kalt und heiß zugleich.
Auch wenn ich danach brenne, sie zu küssen, gebe ich ihr nur ein Abschiedsküsschen auf die Wange.
Unsere Hände treffen und berühren sich das erste Mal, und plötzlich ist sie nicht da, die übliche Wand aus Glas. Die Hände können einander spüren, und obwohl fremd, nehmen sie die Wärme der jeweils anderen Innenfläche wahr.
Wir trennen uns, und mich überfällt eine Leere, beinahe ein Schmerz. Es sind keine drei Stunden vergangen, und doch ist es so, als würde ich sie seit einer Ewigkeit kennen.
Sie ist mir vertraut, sie ist mein fehlendes Puzzleteil, das ich zwar nicht gesucht habe, das aber plötzlich vor mir liegt.
Hätte ich es liegen lassen sollen?
Es kommen Zweifel.

Der Kopf sagt Nein, der Bauch Ja. Immerhin bin ich bereits seit 18 Jahren verheiratet und habe zwei Kinder zu Hause. Ich kann keine klaren Gedanken mehr fassen. Ich brenne danach, diese Frau wiederzusehen, zu hören, bei ihr sein zu können.
Es hat einen entscheidenden Grund für Margit gegeben, die Abendveranstaltung unseres gemeinsamen Lieferanten damals im März zu besuchen. Sie liebt es, in Thermen zu fahren, und jeder Besucher der Veranstaltung hat als Dankeschön für die gute Zusammenarbeit einen Thermengutschein erhalten. Für Margit ist das ein kleiner Ausgleich zu den Urlauben, die sie aus finanziellen Gründen nur selten machen kann.
Da wir uns einfach wiedersehen müssen, beschließen wir, diesen Tag gemeinsam zu verbringen. Wir fahren in die Therme. Jede Minute mit ihr ist ein Geschenk, und wir schmieden bereits Pläne für die Zukunft, und ich überlege, wie ich meine aktuelle Beziehung beenden könnte.
Es ist ein Schnitt, rasiermesserscharf und tief. Erst knapp 14 Tage nach unserem ersten gemeinsamen Treffen in Graz sind vergangen.
Ich ziehe aus.
Zurück bleiben eine fassungslose Frau und zwei verzweifelte Kinder. Doch ich habe keine Wahl, es gibt keine andere Möglichkeit. Worauf soll ich noch warten? Denn eines ist mir in diesen wenigen Tagen klar geworden: Margit ist der Mensch, mit dem ich alt werden will.
In einer ihrer ersten Mails schreibt Margit auf meine Frage, warum sie denn allein sei, folgende Zeilen:
Ich glaube, dass jeder Mensch ein passendes Gegenstück, ein Puzzleteil hat, und aus irgendeinem Grund glaube ich, dass mein passendes Teil in Australien wohnt, und da ich noch nie dort gewesen bin, habe ich meines auch noch nicht gefunden.
Nur zwei Wochen später kommt eine Korrektur dieser Mail, und es ist die schönste Liebeserklärung meines Lebens. Den letzten

Teil ihrer E-Mail, dass ihr Gegenstück in Australien wohne, hat sie geändert, und sie schreibt:
Mein passendes Puzzleteil lebt nicht in Australien, es war bloß in Südafrika auf Urlaub.
Die nächsten Wochen sind furchtbar. Ich bin von einer Minute auf die andere ausgezogen. Alles, was ich mitgenommen habe, sind ein paar Unterhosen und Socken und all das, was ich an Kleidung getragen habe. Schon bald würde ich meine persönlichen Sachen holen müssen, sonst könnte ich nicht mehr in die Arbeit gehen. Um eine Begegnung mit meiner damaligen Ehefrau in unserer gemeinsamen Wohnung zu vermeiden, vereinbaren wir einen Zeitpunkt, zu dem ich wie ein Dieb meine mir zugestandenen persönlichen Sachen hole, wobei sich dies ausschließlich auf meine restliche Bekleidung und die persönlichen Dokumente beschränkt.
Keine Fotos meiner Kinder, keine Kopie der Festplatte meines Computers, die mit Tausenden Fotos gefüllt ist.
Ich aber muss nur raus, muss weg, die Sache hinter mich bringen.
Margit wartet auf mich. Von heute auf morgen hat sie sich einen Mann „eingetreten", sie, die extrem Wert auf ihre Unabhängigkeit und Freiheit legt. Jahre des Alleinseins und des sich Selber-Einteilens haben sie geprägt. Ich weiß, dass Margit nur schwer bereit wäre, Kompromisse einzugehen. Es ist in den letzten Jahren für sie einfach nicht nötig gewesen, auf die Interessen und Bedürfnisse eines Partners Rücksicht zu nehmen.
Können wir es schaffen?
Bereits einige Wochen nach meinem Umzug nach Graz erkläre ich Margit, dass ich sie heiraten möchte.
„Reden wir dann darüber, wenn es möglich ist", ist ihre knappe Antwort.
Eine eventuelle Zustimmung zu diesem Vorschlag kommt ihr nicht in den Sinn, was mich schmerzt.

2007

Die Monate vergehen, und nach eineinhalb Jahren Wartezeit lässt sich meine erste Frau scheiden. Finanziell bis heute eine Belastung, aber endlich draußen!
Als wir vom Gericht wieder zu Hause eintreffen, es ist ein warmer Sommertag mitten im Juli, duschen wir uns und gehen in die Küche. Ich stehe angelehnt am Schrank, nur mit Boxershorts bekleidet, und halte meinen Kaffee in der Hand. Margit sitzt vor mir am Tisch und trinkt ebenfalls Kaffee.
Ich schaue sie an, lächle und sage: „Ich möchte dich heiraten." „Ich weiß!" Kurzer Schock! „Keine Frage, keine Antwort." Erneut schaue ich sie an, und diesmal frage ich: „Willst du mich heiraten?" „Ja, ich will."
Die Geschäfte haben noch geöffnet, und wir fahren noch in der gleichen Stunde gemeinsam in die Innenstadt und besorgen den Verlobungsring, lustigerweise in dem Geschäft, vor dem wir uns das erste Mal getroffen haben. Nun ist es besiegelt!
Wie der Tag unserer ersten E-Mail ist auch dieser Tag ein „Neunzehnter", und immer wieder sollte es genau diese Zahl sein.

Ich drehe die Zeit zurück:
Wir sind ein ganz normale Familie, was immer man unter „normal" verstehen will. Meine Mutter ist Hausfrau und führt das Unternehmen Familie mit eiserner Faust. Sie legt nicht nur die Gesetze aus, wie SIE es für richtig hält, sie ist das Gesetz.
Ich bin das jüngste von insgesamt vier Kindern, wenn man meine Halbgeschwister nicht mitzählt. Meine Mutter ist auf einer kleinen Landwirtschaft in einem Dorf in der Oststeiermark aufgewachsen. Früh schon hat sie das erste Kind bekommen und sich dadurch aus dem ärmlichen Umfeld absetzen können.
„Meine Kinder sollen es einmal einfacher und leichter haben".

Mindestmaß der Ausbildung: Matura, Widerspruch ist zwecklos.
Wir werden immer sehr stark in den häuslichen Arbeitsprozess eingeteilt, sodass Hausarbeit nie ein Problem für mich dargestellt hat. Hausarbeit gehört zu mir und ist ein Teil von mir.
Um ihre Aufmerksamkeit und Liebe erhaschen zu können, wetteifern wir untereinander. Sie versucht unter uns Kindern eine in ihren Augen gesunde Rivalität zu schaffen, was ihr ohne Zweifel gelingt. Man muss immer besser und stärker als der andere sein, um sich ihrer Zuneigung sicher zu sein. Das schwächste Glied in der Natur wird gefressen. Diesen Leitsatz hat sie uns, vielleicht auch unbewusst, auf unsere Fahnen geheftet.
Der Letzte wird gefressen.
Dies hat vor allem für mich und meine beiden Brüder gegolten, wobei der jüngere mein Zwillingsbruder ist.
Meine Schwester wurde öfter „verschont".
Credo meiner Mutter für sie: Neben der selbstverständlichen Matura muss sie vor allem eines sein: schön! Wer schön ist, der kann sich auch seinen Titel erheiraten, und es sollte immerhin ein Diplomingenieur werden. Die Rechnung ist aufgegangen.
Ich bin mir sicher, dass wir aufgrund des Ehrgeizes meiner Mutter allesamt gute Jobs und berufliche Möglichkeiten gefunden haben und aus uns allen etwas „Vernünftiges" geworden ist.
Menschlich sind wir aber verkrüppelt wie das Jungtier, das von seiner Mutter weggelegt, verstoßen und verlassen wird. Die Wahrscheinlichkeit, dass es überlebt, ist gering. Noch unwahrscheinlicher ist es aber, in ein soziales Umfeld hineinzuwachsen, Teil einer Familie zu werden, Wertschätzung und Liebe zu erlernen und zu geben.
Ja, erfolgreiche, aber verkrüppelte Seelen sind aus uns geworden.
Ich bin groß geworden mit den Leitsätzen:
Lerne und bekomme Macht, dann bist du am Drücker. Zeige

keine Gefühle und Emotionen, sondern bewahre einen kühlen Kopf, so kannst du dich durchsetzen und gegebenenfalls über Leichen gehen.
Die Liebe zwischen uns Kindern konnte nicht wachsen. Das lag wohl daran, dass kein Samen dafür gelegt wurde, geschweige denn, dass jemand drauf achtete, dass dieser genug Wasser und Licht zum Wachsen bekam.
Meine Kinder sollen es einmal leichter haben.
Sie hat ihr Ziel erreicht. Der Weg dorthin war egal. Sie hat dabei nur vergessen, dass das Leben nichts mit dem beruflichen Status zu tun hat.
Gefühle füreinander konnten nicht wachsen, weil sie schlichtweg nicht da waren, ihre Entwicklung wurde zurückgestellt, und letztendlich verkümmerten sie.

Die Vertrautheit und die Liebe, die Margit und ich füreinander empfinden, heilen die Wunden der Vergangenheit und sprengen Grenzen. Wie eine lindernde Salbe legen sie sich über mich, kühlen und wärmen mich zugleich.
Ich gleiche einem Kind, das lernt zu gehen.
Erstaunt und glücklich zugleich sauge ich mehr und mehr davon auf. Dass ich heute aufrecht gehen kann, dass ich heute meine Gefühle zeigen kann, verdanke ich ihr, meiner Frau.
Offenheit und Ehrlichkeit, Stützen unserer Beziehung und Ehe, ziehen sich wie ein roter Faden durch unser ganzes Leben.
Da ist kein Ja, wenn es kein ehrliches ist, kein Vielleicht, wenn es nicht so gemeint ist, und kein Nein, nur um den anderen zu beschränken, zu begrenzen oder Recht haben zu wollen. Offenheit für alles.
Wir reden und diskutieren oft stundenlang über unsere Visionen, Hoffnungen, Träume und Ängste. Immer wieder verheddere ich mich in Widersprüchen und glaube ernsthaft, Margit würde dies nicht erkennen.

Was für ein Idiot ich doch bin! Wir sind eins, und es fehlt etwas, wenn der andere nicht da ist.

Als wir eineinhalb Jahre nach unserer ersten Begegnung heiraten, ist für uns klar, dass das Puzzleteil auf ewig in unserem Leben bleiben soll. Wenn das Bild erst einmal zusammengesetzt ist, kann es nicht mehr aufgelöst werden. Unsere Bilder sind verschmolzen, haben sich eingebrannt und sind versiegelt durch unsere Wertschätzung, unsere Offenheit und Ehrlichkeit zu- und füreinander. So hält unsere Beziehung den Witterungen des Alltags Stand.
Eines, meine Liebste, verspreche ich dir: Wenn wir abends ins Bett gehen, dann werde ich dich in meine Arme nehmen und gemeinsam mit dir einschlafen, dir in die Augen schauen und dir sagen, dass ich dich liebe.

Mein Körper zittert, wieder sind sie da, die Schatten, die nach mir greifen, die Fratzen, die mich umzingeln. Auf meinem Körper setzt sich Schweiß ab, und ich beginne mich zu wehren. Verschwindet, haut ab!
„Wach doch auf, wach auf, ich bin bei dir!“

2007

Meine erste Frau hat alle juristischen Mittel eingesetzt, um zumindest finanziell als Sieger aus unserer Ehe zu gehen. Sie hat eindeutig die Trümpfe in der Hand gehabt und sie auch ausgespielt. Wenn man aus einer bestehenden Ehe von heute auf morgen einfach auszieht, dann heißt das im Fachjargon: „Mutwilliges Verlassen des ehelichen Haushaltes“, was einem eindeutigen Schuldeingeständnis gleichzusetzen ist. Aber habe ich wirklich Schuld auf mich geladen?

Meine Transsexualität, von der meine erste Frau nichts gewusst hat, ist wie ein Schatten über mir gelegen. Lange Zeit habe ich gedacht, ich könnte sie verdrängen, und wenn ich sie nicht ausreichend beachten würde, dann würde sie vielleicht für immer verschwinden.
Absoluter Fehlglaube!
Heute weiß ich, dass ein Großteil des Scheiterns meiner ersten Ehe auf meine innere Unruhe zurückzuführen ist.
Ein Gefühl kann man vielleicht unterdrücken, man kann auch versuchen, es auf die Seite zu schieben und so tun, als wäre es nicht da, doch nachts, wenn ich wach in meinem Bett liege, sind meine Zweifel und Ängste meine ständigen Begleiter. Bis zu dem Zeitpunkt, an dem ich es einfach nicht mehr ausgehalten habe, habe ich versucht, meine Ehe aufrechtzuerhalten. Solange es irgendwie noch gegangen ist, habe ich mir geschworen, alles so zu belassen, wie es ist.
Es ist, als würde man die Hand über ein brennendes Feuerzeug halten. Mit einem gewissen Abstand kann man die Schmerzen eine Zeit lang ertragen, doch irgendwann bohren auch sie sich tief in das Fleisch hinein.
Meine Haut brennt, und meine Wunde klafft weit auf.
Wieder einmal kann niemand meine Zeichen sehen, doch wenn es finster ist, liege ich wach im Bett und weine. Auch wenn meine Tränen trocknen, so brennen sie sich wie Säure in meine Seele.

Die Scheidung ist durch, der Heiratsantrag gestellt, und die Vorbereitungen für unsere Hochzeit laufen auf Hochtouren, was bei unserem sportlichen Zeitplan wenig verblüfft. Margit will keine große Hochzeit. Sie hasst es, im Rampenlicht zu stehen, und es werden nur die nächsten Verwandten und ein paar Freunde geladen.
Insgesamt sind wir gerade einmal 18 Personen.

Trotzdem: Wir heiraten in einem Schloss, und Margit trägt weiß. Bis es dazu kommt, sind noch jede Menge Hürden zu überwinden. Drei Monate vor einer Hochzeit sollte eigentlich schon alles stehen, bestenfalls müssten nur noch kleinere Korrekturen vorgenommen werden. In unserem Fall fangen wir erst an, wo andere schon längst aufgehört haben.

Ein Kleid muss her! Bei der Organisation einer Hochzeit ist das Hochzeitskleid neben dem Veranstaltungsort eines der wichtigsten, wenn nicht überhaupt das wichtigste Thema. Aufgrund meiner geschäftlichen Kontakte kenne ich ein Schloss in der Obersteiermark mit einer hervorragenden Küche.

Es kann überhaupt nur funktionieren, weil Margit und ich alles selbst in die Hand nehmen und unser Hochzeitstermin im Oktober alles andere als ein klassischer Termin für andere Paare ist. Somit sind viele Geschäfte und Lokale entspannter und widmen uns mehr Zeit, als es in der Hochsaison möglich gewesen wäre. Für die Wahl des Brautkleids fahren wir in einen kleinen, knapp zehn Kilometer östlich von Graz gelegenen Ort.

Margit hält vor allem Ausschau nach einem schlichten Kleid. Es dauert nicht lange, und sie hat sich schon für eines entschieden. Wie es bei bodenlangen Kleidern üblich ist, muss auch dieses exakt an die Körperlänge angepasst werden. Dazu hat Margit ihre Schuhe, die sie tragen wird, bereits mit. Sie zieht das Kleid an, und die Verkäuferin steckt die Länge entsprechend ab.

Eine Woche später sollen wir es abholen können. Thema abgehakt.

Die restlichen Positionen auf unserer To-do-Liste sind rasch erledigt, und eigentlich funktionieren die meisten recht einwandfrei.

Einzig und allein die Besitzer des gewählten Restaurants sind distanziert, beinahe unfreundlich. Dies überrascht mich sehr, zumal ich mit sehr vielen meiner Geschäftspartner immer wieder in diesem Haus zu Gast gewesen bin und ganz sicher

eine erhebliche Stange Geld liegen lassen habe. Erst nach unserer Hochzeit stellt sich heraus, dass die Chefin des Hauses, die meine erste Frau gekannt hat, anscheinend Bedenken und Ressentiments gehabt hat, weil ich eine Frau mit zwei Kindern verlassen habe.
Wie vereinbart, fahren wir eine Woche vor unserem Hochzeitstermin zum Brautsalon, um das Kleid abzuholen. Die Chefin ist äußerst kurz angebunden und drückt uns das Kleid, verpackt in einem Sack, in die Hand. Eigentlich hätten wir stutzig werden müssen. Die Hektik der Dame lässt uns wirklich das Kleid ohne Anprobe übernehmen, und wir fahren zurück nach Graz. Zuhause angekommen, nimmt Margit das Kleid aus der Hülle, und voller Entsetzen stellen wir fest, dass es beim Ändern beschädigt worden ist. Das Kleid ist hinüber. Da ist nichts zu retten. Wir wollen auch nichts retten. Äußerst grantig rufe ich an und storniere den Auftrag. Kurz gestritten, aber wenigstens das ist erledigt.

Wir heiraten in einer Woche, und Margit hat noch kein Kleid, der Alptraum jeder Braut ist wahr geworden.
Wir haben ein Problem, ein sehr ernsthaftes!
Wir fahren am nächsten Tag in einen der besten Brautsalons in Graz, und Margit probiert einige Kleider an. Wir entscheiden uns für ein schlichtes und sehr elegant geschnittenes Kleid. Grace Kelly hätte nicht besser darin aussehen können. Das Kleiderproblem ist gelöst, wenn auch unter einem erheblichen finanziellen Mehraufwand.
Die Einladungen sind geschrieben, das Schloss bestellt, und das Kleid hängt im Kleiderschrank. Wir sind wirklich fertig geworden. Uns trennen nur noch einige Stunden.

Die Zahl „19" zieht sich wie ein roter Faden durch unser gesamtes gemeinsames Leben.

Wir haben uns die erste E-Mail an einem 19. geschickt, meine Scheidung erfolgte an einem 19., und nun sollten wir auch noch an einem 19. heiraten.
Es ist der 19. Oktober, und wenn schon speziell, dann auch bei diesem Anlass. Die Feier beginnt um 19:00 Uhr, und tatsächlich hat unser Standesbeamter die Feierlichkeit so geplant, dass das Ehegelöbnis um exakt 19:10 Uhr erfolgt, und das eben am 19.10. 2007.

Ich blicke meiner Frau in die Augen.
Da ist keine Frage, kein Überlegen, es ist so sonnenklar, es kann gar nicht anders als „Ja, ich will“ lauten. Seit Monaten habe ich auf diesen Moment gewartet, den Tag herbeigesehnt, an dem es endlich so weit sein würde, und jetzt, jetzt steht sie neben mir, schöner, als ich es mir erträumt habe. Unsere Hochzeit ist alles andere als „normal“, das sind wir auch nicht. Wir finanzieren sie selbst, und daher lassen wir uns auch auf keine Kompromisse ein. Wir sind beide keine Tänzer, also haben wir auch keine Musikgruppe. Stattdessen haben Margit und ich unsere Lieblingsmusik aufgenommen und diese als Untermalung gespielt, während fürstlich getafelt wird. Ich bin eher auf der ruhigeren Schiene unterwegs, während Margit die etwas härtere Linie wählt.
ACDC, Rolling Stones, Guns N’ Roses, Janis Joplin, ..., nicht unbedingt die übliche Hintergrunduntermalung für eine Hochzeit, noch dazu in einem Schloss.
Unsere Hochzeit ist genauso, wie wir sie uns vorgestellt haben, und der Termin passt perfekt. Erstens ist es ein 19., und zweitens haben wir bereits im Jänner mit Abflug am 26. Oktober 2007 eine Reise nach Südafrika gebucht, die jetzt zugleich auch unsere Hochzeitsreise sein soll.

In Anspielung an eine der ersten Mails von Margit an mich über das passende Puzzleteil, das sie noch nicht gefunden hat, be-

steht auch unsere Hochzeitstorte aus zwei großen Puzzleteilen, einem rosaroten und einem weißen. Sie passen perfekt zueinander, so wie wir perfekt zueinanderpassen.
Wir sind ein Paar, ein äußerst glückliches und erfolgreiches Paar, wie viele unserer Freunde und Bekannten festgestellt haben.
Gemeinsam laufen wir durch unsere Welt, erfahren und erleben vieles und erfreuen uns an den kleinsten und banalsten Dingen:
dem Frosch, der sich in letzter Sekunde vor dem Storch in seinen Unterschlupf rettet,
dem Tautropfen, der langsam und stetig am Blatt entlangrinnt, um sich, auf den Boden fallend, in kleine Spritzer aufzulösen,
an den Nebelschwaden, die von den nassen Wiesen aufsteigen und verdampfen, wenn erst einmal die Sonne ihre kräftigen Strahlen ausbreitet.
Wir sind verzaubert, bezaubert, gemeinsam, glücklich!

Experiment:
Keine Tabus.
Alles ist möglich.
Die Vereinbarung steht.
Die Rollen werden getauscht.
Alles, was denkbar ist, wird gedacht,
und alles, was machbar ist, gemacht.
Doch nur soweit es für beide passt.
Keiner macht mit nur des anderen wegen.
Wahnsinn!
Ekstase!
Ein Atmen ist kaum noch möglich.
Die Luft ist schwer und schwül
von unseren nassen Körpern,
die sich aneinanderreiben.
Grenzenloses Vertrauen und Feinfühligkeit für den anderen, Voraussetzungen, dass es gelingen kann.

Am nächsten Morgen wachen wir auf, wissend, dass all das nur möglich ist, wenn man sich fallen lassen kann, den anderen achtet, beachtet, bis ins Letzte kennt und jedes nonverbale Zeichen versteht.
Was für ein Vertrauen! Noch nie so stark, niemals so intensiv.

Meine Träume werden wieder häufiger.
Margit weckt mich beinahe jede Nacht. Während ich meist gleich weiterschlafe, dreht sie sich noch stundenlang im Bett und sucht nach Erklärungen.

Nach nur drei Stunden Schlaf stehe ich auf. Es ist so viel zu erledigen. Ich laufe wie aufgezogen durch die Wohnung, lege mir selbst beinahe unerreichbare Ziele auf, quäle mich, bis ich vor Erschöpfung einschlafe.
Ich bin rastlos, ruhelos. Ein Getriebener und ein Treiber.
Mein Perfektionismus jagt mich bis zur vollkommenen Erschöpfung. Sind das nicht Tätigkeiten, die ich nur mache, um nicht ins Grübeln zu kommen?
Doch meine Träume holen mich ein, Nacht für Nacht, Stunde um Stunde. Sie beweisen und zeigen mir eines ganz klar:
Deinem Innersten, deinen Gedanken kannst du nicht entkommen! Niemals!

April 2011

Der Tag ist gelaufen, ich komme nach Hause. Ich ziehe das Sakko aus und hänge es fein säuberlich auf den Kleiderhaken. Ich öffne die Krawatte und mein Hemd, streife die Hose von meinen Beinen und versuche, die Falten des ganztägigen Sitzens herauszustreichen. Es gelingt. Top-Qualität zahlt sich ja doch aus.

Obwohl ich heute Morgen bereits um 04:00 Uhr das Bett verlassen habe, bin ich jetzt, knapp 13 Stunden später, noch immer nicht müde. Zumindest nicht so müde, dass ich nicht noch etwas erledigen hätte können. Was? Kein Problem für mich. Ich finde mir immer etwas.
Zuerst aber gehe ich zu Margit, die bereits in der Küche mit einem Kaffee auf mich wartet. Jeden Tag, sobald wir beide zu Hause sind, setzen wir uns gemeinsam an einen Tisch. Wir erzählen uns, wie unser Tag gelaufen ist, was uns bedrückt und worüber wir gelacht haben.
Ihr Blick trifft den meinen und sie sagt:
„Helmut, ich liebe dich mehr als irgendetwas anderes, und das wird immer so sein, egal, was auf uns zukommt,
ich kann mir ein Leben ohne dich nicht vorstellen, und ich will es mir nicht einmal vorstellen."
Ihre Blicke ummanteln mich, und erstmals spüre ich am heutigen Tag so etwas wie Geborgenheit, Wärme, Vertrautheit, einfach Liebe.
Langsam entspanne ich mich, und der Ärger vom Büro minimiert sich. Ich nehme einen weiteren Schluck aus der Tasse. Margit ist in der Zwischenzeit aufgestanden und greift in das Bücherregal hinter uns. Ich kann nicht erkennen, was sie gerade macht, da ich mit dem Rücken zur Wand sitze.
Was für ein Bild? Ich sitze mit dem Rücken zur Wand.
Sie legt mir einen Ausdruck aus dem Internet auf den Tisch und meint: „Ich denke, wir sollten dort einmal hingehen, was meinst du?" Was will sie? Ich verstehe nicht!
Was ist das überhaupt?
Ich überfliege die Zeilen: Selbsthilfegruppe für Transgender und transidente Personen. Was ist das?
„Ich weiß es, ich weiß es, weil ich es spüren kann!"
In Bruchteilen einer Sekunde schießen mir tausende Gedanken durch den Kopf.

Wann? Wo? Wie hat sie es bemerkt? Bin ich zu unvorsichtig gewesen? Was habe ich falsch gemacht?
Vor allem aber, was nun? Leugnen oder gestehen?
Ihre Finger fahren durch mein kurzes Haar. Sie beugt sich vor und flüstert: „Es ist vorbei, es ist endgültig vorbei."
Margit und ich sitzen noch stundenlang aneinandergekuschelt. Sie streichelt mich, und ich spüre, wie der Klumpen auf meiner Brust immer kleiner und leichter wird. Meine Lippen formen Worte, ein Warum, ein Wie, wollen sie in Richtung Margit werfen, doch wieder holt sie mich ab, und mit einer Weisheit und einem Gefühl, wie es nur Liebende voneinander spüren können, meint sie: „Komm, lassen wir es für heute gut sein."
Erschöpft von den Ereignissen gehen wir zu Bett.
Es sollte die erste Nacht seit Monaten sein, in der sie mich nicht wegen meiner Alpträume wecken muss.
Schon am nächsten Tag hängen wir uns ins Internet. Da wir beide keine Ahnung haben, wen und wo wir fragen könnten, entschließen wir uns dazu, die von Margit herausgefundene Selbsthilfegruppe aufzusuchen. Das nächste Treffen sollte bereits am kommenden Sonntag stattfinden.
Mir geht es gut, uns geht es gut. Noch wissen wir nicht ansatzmäßig, was alles auf uns zukommen würde. Margit und ich sitzen abends oft stundenlang auf unserem Sofa, und ich erzähle ihr Geschichten aus meiner Vergangenheit, denen ich früher einmal nie eine große Bedeutung zugemessen habe. Plötzlich aber macht das alles einen Sinn.

1980

Meine Schwester ist im Abschlussjahr ihres Gymnasiums, und wie üblich findet ein Maturaball statt. Ihr Maturaballkleid hat unser Onkel, ein Schneidermeister mit eigener Werkstatt, genäht. Aus irgendeinem Grund sind meine Eltern und ich in Graz. Vielleicht ist auch mein Zwillingsbruder dabei, aber daran kann ich mich heute nicht mehr erinnern. Damals ist das Einkaufen in den Bezirkshauptstädten eine trostlose Angelegenheit gewesen. Heute kommt das Angebot in manchen Bereichen schon dem einer Stadt wie Graz ziemlich nahe.

Wir spazieren durch die Herrengasse, und als wir am Jakominiplatz an einem Handschuhfachgeschäft vorbeikommen, es liegt heute, gut 35 Jahre später, noch immer im Seitentrakt des Dorotheums, fällt meiner Mutter ein, dass sie ja eigentlich noch lange, weiße Ballhandschuhe für meine Schwester benötigt.

Wir betreten das kleine Geschäft. Es hat schon einige Jahrzehnte auf dem Buckel. Die Einrichtung dürfte sich in all den Jahren nicht großartig verändert haben, und wahrscheinlich steht sie heute unter Denkmalschutz.

Eigentlich ist der Verkaufsraum für ein Geschäft, noch dazu für eines für Bekleidungsaccessoires, absolut ungeeignet, viel zu dunkel und stickig. Die Wände sind mit dunkelbraunem Holz vertäfelt, und in den offenen Regalen stehen Schachteln. Hunderte Schachteln, auf denen fein säuberlich Zahlen geschrieben sind.

Die Dame, die uns bedient, muss zum Inventar gehören, zumindest dürfte sie das gleiche Alter wie die Einrichtung haben.

Wir teilen ihr unseren Wunsch mit, und sie greift zielsicher zu einem rosa Karton mit der Zahl 23. Sie öffnet den Karton, nimmt einige Modelle von Handschuhen heraus. Ich denke, dass Eltern kaum die Konfektionsgröße von so außergewöhnlichen und selten zu kaufenden Dingen wie Handschuhen kennen. Daher ist

es wenig verwunderlich, dass wir auf die Frage der Verkäuferin, welche Größe wir eigentlich benötigen, keine Antwort geben können. Ich betrachte meine Hände. Schon damals, im Alter von fünfzehn Jahren, habe ich zarte Hände mit langen, schlanken Fingern, ungewöhnlich zarte für einen Burschen. Da es keine Alternative gibt, probiere ich die Ballhandschuhe an. Jeder andere Junge, gerade in diesem Alter, hätte sich gewehrt, diese zu berühren, geschweige denn sie anzuprobieren, selbst wenn drei andere Familienmitglieder die Eingangstür bewacht und verriegelt hätten. Ich aber, ich bin stolz.
Es ist ein gutes Gefühl. Trotz des dumpfen Lichts strahlen die weißen Handschuhe und bringen einen Hauch von Licht in den finsteren Raum. Ich spüre die Feinheit des Gewebes, wie es sich samtig und weich an meine Hände und Unterarme legt. Insgeheim hoffe ich, dass wir nicht sofort gehen würden, um die Handschuhe wenigstens noch ein paar Momente anhaben und den Augenblick auskosten zu können.

Transsexualität ist keine Einbildung, sie ist auch kein Wunsch von mir, nur einmal kurz zum Spaß in die andere Geschlechterrolle zu schlüpfen.
Meine Transsexualität ist nicht plötzlich entstanden. Sie ist immer schon da. Etwas Reales von Anfang an.
Nicht wissentlich, doch sie ist da. Auch wenn es dafür keine medizinischen Nachweise gibt, weiß ich, beginnend mit der Pubertät, eines ganz sicher:
Irgendetwas stimmt nicht mit mir. Ich fühle mich fremd, ich kann es nicht besser beschreiben, gehöre einfach nicht dazu.

Ich nehme „Das kleine Ich-bin-ich“ in die Hand,
ein Buch aus meiner Kindheit, und lese:

Und da stutzt es und guckt ganz verdutzt
dem Frosch ins Gesicht
Wer ich bin, das weiß ich nicht.

Wer nicht weiß, wie er heißt
Wer nicht weiß, wer er ist,
der ist dumm,
BUMM (Mira Lobe)

Wer nicht weiß, wer er ist,
der ist dumm.
Dumm!

Fremd sein, nicht dazugehören, nicht zu den Burschen und auch nicht zu den Mädchen. Gerade sie sind es aber, die ich beneide, wenn ich sie in der großen Pause in ihren duftigen Kleidchen, den Zöpfen mit bunten Bändern, gummischnurhüpfend herumalbern sehe. Ich bin ihnen nah, so viel näher als sonst jemandem. Meine Sehnsucht, mit ihnen sein zu können, ist unendlich groß.

1980

Pubertät – unumstritten – Pubertät!
Welche Gedanken sind falsch? Welche sind richtig?
Welche sind nur Einbildung und welche rein hormonell bedingt? Oder doch alles nur Ergebnisse meiner Wünsche und Sehnsüchte? Ein Spiegel meiner Einbildung? Mein Kopf schmerzt von all den wirren Gedanken, es klopft und hämmert, und immer und immer wieder dieselbe Frage: „Was ist bloß los mit mir?“

2011

Seit meinen beruflichen Anfängen bin ich fast durchgehend im Einkauf beschäftigt. Anfangs noch als „Beiwagerl" des Einkaufschefs arbeite ich mich zügig und stetig nach oben. Die Firmen, einmal größere, einmal kleinere, sind in den unterschiedlichsten Branchen tätig. Eines aber ist trotz der Verschiedenheit in diesen Betrieben immer gleich: Man muss einen Plan, ein Konzept haben, um etwas bewegen zu können. Nichts ist schlimmer, als unvorbereitet zu sein. Ich höre noch heute die Worte meines ersten Chefs: „Ich schmeiß dich auf der Stelle raus, wenn du dich für ein Gespräch nicht ordentlich vorbereitet hast", und ich weiß, wie ernst er das meint. Diese Vorgangsweise hämmert er regelrecht in meinen Kopf, in mein Wesen, und ich danke ihm noch heute dafür. Dadurch hat er mir ganz sicher viele Blamagen erspart. Nicht zuletzt treibt mich aber auch mein Ehrgeiz an, alles möglichst perfekt zu erledigen. Perfektionismus bis ins Kleinste, Halbherzigkeiten ausgeschlossen, einfach unmöglich! Was anfangs schwierig und aufreibend ist, ist notwendig, um Erfolg zu haben, und mein Weg gibt mir Recht. Ich bin erfolgreich.

Ein Plan muss her!
Da mir klar ist, dass ein Ablaufplan mit den wichtigsten Eckpunkten nicht ausreichen würde, erstelle ich mir auch gleich einen entsprechenden Zeitplan, der sehr „sportlich" ausfällt. Schließlich will ich nun endlich das Leben leben, das ich so lange nicht erreichen konnte.
Ein Ziel ist erst ein Ziel, wenn es definiert ist, und eine Terminschiene ist unbedingt erforderlich, damit man sich nicht verzettelt. Nicht zu wissen, was, wo und wann zu erledigen ist, halte ich für einen entscheidenden Fehler, und ich habe vor, *keine* Fehler zu machen.

Das Ziel, meine Geschlechtsanpassung, ist unumstößlich, aber wie dorthin gelangen?
Jetzt, da ich das Ziel definieren kann, bin ich ungeduldig und glaube noch immer ernsthaft daran, die vergangene Zeit aufholen zu können. Ich bin aufgekratzt und gehe in dieser Zeit meiner Frau ganz sicher auf die Nerven. Margit bringt mir den Internetausdruck über die Selbsthilfegruppe, und wir notieren Ort und Termin. Das nächste Treffen findet bereits am kommenden Sonntag statt.
Die Tage vergehen, und mein Bauchweh wird immer stärker. Dann ist es so weit. Es ist Sonntagabend. Margit und ich fahren mit dem Auto zum Treffpunkt, damals noch ein kleines Lokal nahe der Universität Graz.
Ich bin aufgeregt, und das ist noch stark untertrieben.
Aber: Ich will da jetzt durch. Ich muss da durch. Jetzt!
Das Treffen in der Selbsthilfegruppe ist für alle frei zugänglich, die das Thema Transsexualität direkt bzw. indirekt betrifft, was heißt: Betroffene und Angehörige haben immer Zutritt. Andere, wie zum Beispiel Studenten, die ihre Diplomarbeit diesem Thema widmen, Journalisten, die einen Artikel darüber schreiben wollen, dürfen nur mit Voranmeldung und nach einem vorherigen O.K. der Gruppe zu den Treffen kommen. Das ist notwendig, da es sich um eine Selbsthilfegruppe handelt. Man darf nicht vergessen, dass einige der Besucher sich noch nicht einmal zu Hause geoutet haben und daher einen ganz besonderen Schutz benötigen. Zusätzlich gibt es manche, die sich „nur" Informationen und Auskünfte einholen, weil sie definitiv noch nicht wissen, wohin die Reise für sie geht. Ist man Crossdresser, sprich, fühlt man sich wohl, wenn man sich gegengeschlechtlich kleidet, ist man hier ebenfalls richtig. Die Anzahl der Personen, die sich regelmäßig einmal pro Monat treffen, ist unterschiedlich. Manchmal sitzen wir „nur" zu fünft hier, und dann wieder platzt der Raum beinahe aus allen Nähten.

Es gibt keine Verpflichtung zu kommen, jeder ist aber gerne gesehen.
Aller Anfang ist schwer. Wir stehen vor der Eingangstür. Noch können wir keine anderen Besucher sehen. Sind wir überhaupt richtig? Haben wir den falschen Zeitpunkt notiert? Wir warten. Nach und nach treffen sie ein. Manche kann man, egal ob Mann oder Frau, ganz klar als Transsexuelle erkennen, bei anderen sind wir uns nicht mehr so sicher, und wieder bei anderen überlegen wir, Mann oder Frau oder noch Frau, aber bald schon Mann ...
Die Geschlechtergrenzen verschwimmen, verwischen, lösen sich auf.
Andrea, ein Urgestein von Transfrau, und Kathi, die Psychotherapeutin, die auch die Gruppe leitet, begrüßen uns. Wir sind ganz offen zu diesem Treffen gegangen und haben mangels Wissens keine allzu großen Ziele und Erwartungen. Nun sitzen wir hier und stellen uns vor. Das ist wirklich das Einzige, was man sich in der Gruppe erwartet: einen Vornamen, damit die anderen wissen, wie sie dich ansprechen sollen. Ich habe mir zuvor nicht wirklich viele Gedanken darüber gemacht, und daher fällt mir nichts Besseres als Grace ein. Ein absolut unbrauchbarer Name, wenn man nicht gerade in Monte Carlo zu Hause ist. Wahrscheinlich ist es aber gerade Grace Kelly, die mir mit ihrer Eleganz und Schlichtheit über alle Maßen gut gefällt, was mich zu dieser Idee führt. Also: Ich nenne mich Grace.
Margit und ich wollen heute wie die meisten Neuankömmlinge nur einmal zuhören. Wir bekommen einen ersten Überblick über all die Schritte, die notwendig sein würden, um das angestrebte Ziel zu erreichen. Es sind sehr viele. Je später der Abend, desto lockerer werde ich. Noch immer bin ich weit von meiner üblichen Gelassenheit entfernt, aber eigentlich bin ich mit meiner „Vorstellung" ganz zufrieden.
Ein Anfang, auch wenn es kein grandioser ist, ist geschafft. Jetzt

kennen wir zumindest den ungefähren Ablauf und die nicht zu unterschätzenden Kosten.
Wir fahren nach Hause. Nach einem ersten Schweigen fange ich zaghaft an. „Und? Was hältst du davon?“ „Na ja, waren eh alle ziemlich nett.“ „O.K., ein paar Freaks sind schon auch dabei, aber alles in allem wirken die meisten ganz sympathisch.“ „Hast du das gehört? Du kannst dich dort auch umziehen, ich glaube, dass das gerade am Anfang leichter für dich ist.“ Die erste Hürde habe ich genommen. „Was meinst du eigentlich zum Namen?“ „Tja, hübsch, aber schon eher für einen Transvestiten geeignet, der im Showbusiness unterwegs ist, aber für österreichische Verhältnisse und den Alltag glaube ich nicht, dass er passt, und Grace Strasser – wie das klingt!“

Eine Namensfindung ist nicht ganz einfach, vor allem, wenn man sich selbst aussuchen darf, wie man heißen möchte. Margit und ich sind nicht mehr die Jüngsten, und so haben wir beide schon mit sehr vielen Menschen zu tun gehabt. Die einen sind einem sympathisch, andere unsympathisch, und manche kann man überhaupt nicht ausstehen, und daher ist eine Reihe von Namen definitiv unvorstellbar. Aber wie angehen?
Einer der zentralen Punkte in einer Wohnung ist die Küche. Auch wenn unsere nicht besonders groß ist, jeder muss einmal zum Kühlschrank oder zur Naschlade; zu dieser zumindest ich ganz sicher und sogar sehr oft. Wir kleben einen großen Zettel auf unseren Kühlschrank und vereinbaren, dass über den Zeitraum einer Woche jeder von uns Namen aufschreibt, die einem einfallen und die man sich für mich vorstellen kann. Über die Woche füllt sich der Zettel, und jeden Tag stehen ein paar neue Namensvorschläge darauf.
Dann kommt das Auswahlverfahren.
Jeder darf nun ebenfalls über den Zeitraum einer Woche Namen von der Liste streichen, die für ihn überhaupt nicht in Fra-

ge kommen. So bleiben am Ende der Woche nur noch zwei Namen übrig, und wir wählen gemeinsam Christina.
Auch wenn wir zu Hause meist einen Kosenamen verwenden, speichert Margit meinen neuen Namen schnell ab und ist beinahe fehlerlos, was mich nicht verwundert. Ihr Gedächtnis ist nahezu perfekt. Ich selbst habe da schon größere Probleme. Fast fünfzig Jahre „durfte" ich einen männlichen Namen tragen, und wer vergisst schon seinen eigenen Namen? Jetzt heiße ich aber von heute auf morgen „Christina" und muss mich erst daran gewöhnen.
Wieder einmal fahren wir in ein Einkaufscenter, denn ich brauche noch einiges an Bekleidung, schließlich muss ich meine gesamte Garderobe tauschen. Da diese auch Margit gefallen soll, machen wir das anfangs immer gemeinsam, außerdem sind wir zu zweit einfach schneller. Jeder schaut durch die Reihen und Ständer und zieht einmal hier, einmal da ein Teil heraus und zeigt es dem anderen. Ich bin ziemlich in die Suche vertieft, und Margit will nicht auch noch durch lautes Rufen verstärkt auf uns aufmerksam machen und flüstert meinen Namen. „Christina!" Nichts! Das zweite „Christina" fällt bereits ein wenig lauter aus, und trotzdem reagiere ich nicht. Margit kommt zu mir. Erneut spricht sie mich mit Christina an, und noch immer fühle ich mich nicht angesprochen, bis sie mich stupst. Da merke ich erst, dass eigentlich ich gemeint bin. Wir lachen, nehmen die gewählten Teile und zahlen an der Kassa. Es wird noch einige Wochen dauern, bis auch ich so weit bin, dass mir mein Name in Fleisch und Blut übergangen ist.
Jetzt werden endlich Nägel mit Köpfen gemacht. Aufgrund der Informationen der Selbsthilfegruppe, der uns vorliegenden Links und unserer eigenen Recherchen stelle ich einen vorläufiger Zeitplan auf. Ich traue meinen Augen nicht. Selbst beim allerschnellsten Durchlauf würde ich mindestens eineinhalb Jahre benötigen. Ich schlucke. Wie immer ist sie da. Margit findet

immer die richtigen Worte, und ich kann mich auf sie verlassen, auch jetzt.
Für all jene, die dieses Buch auch für ihren eigenen Weg lesen, sei gesagt:
Alle hier angeführten Informationen und notwendigen Untersuchungen sind Stand meiner eigenen Geschlechtsanpassung.

Start:	Mitte 2011
Psychotherapie und Untersuchungen:	bis Ende 2012
geschlechtsanpassende Operation:	März 2013

Der gesamte Prozess wird aktuell vom Gesetzgeber hinterfragt, und es werden Anpassungen erfolgen. Wie diese aussehen und in welchem Ausmaß sie ausfallen werden, ist zum heutigen Zeitpunkt noch nicht vollständig bekannt. Im Anhang habe ich jedoch Links angeführt, die entsprechende Auskünfte über die aktuelle gesetzliche Regelung geben können.
Ich komme mir wie ein Rennpferd in einer Starterbox vor. Der Startschuss fällt, und die Tür der Box öffnet sich. Eigentlich will ich schon im Ziel sein, und doch kenne ich nicht einmal den kompletten Weg.

Erstes psychiatrisches Gutachten

Ich benötige ein psychiatrisches Gutachten, welches mir eine „Geschlechtsidentitätsstörung nach WHO ICD10 F64.0“ bescheinigt. „Ich bin doch nicht krank“, denke ich mir. Später begreife ich, dass es ohne ein derartiges Gutachten weder zu einer Freigabe für die Behandlung noch zur Übernahme irgendwelcher Kosten durch die Krankenkasse kommen würde. Ohne „Kranksein“ keine Kostenerstattung bzw. Übernahme von Kosten durch die Krankenkasse. Somit kann dieses Gutachten als so etwas wie die Starterlaubnis angesehen werden.

Das erste Mal in meinem Leben gehe ich zum Psychiater. Ein komisches Gefühl! Das Gespräch ist nett, die Ärztin äußerst höflich, und aus meiner Sicht läuft alles perfekt. Wir vereinbaren ein zweites Treffen. Gemeinsam kontrollieren wir die Notizen der vorherigen Sitzung, und nach und nach haken wir alle Punkte ab. Für meine Psychiaterin gibt es keinerlei Zweifel, und das Gutachten steht.

„Geschlechtsidentitätsstörung ICD10 F64.0"
Die Ampel stellt sich auf grün. Was folgt, ist die erste Ernüchterung, nämlich, dass ich in Summe fünfzig Psychotherapiestunden zu absolvieren habe. Die Angabe bezieht sich auf die Mindeststundenanzahl; diese kann, wenn die Gespräche in diesem Zeitraum nicht zu einem eindeutigen Ergebnis führen, durch den zuständigen Therapeuten auch noch verlängert werden. Eine Verkürzung hingegen ist aufgrund gesetzlicher Vorgaben nicht möglich. Nach der ersten Stunde wird mir klar, dass mein Zeitplan geändert werden muss, denn entgegen meiner Vorstellung so an die zehn Psychotherapiestunden in einem Monat zu nehmen, ist maximal eine Stunde pro Woche gesetzlich erlaubt. Somit ist klar, dass allein die Psychotherapie schon einen Zeitraum von 50 Wochen = ein Jahr in Anspruch nimmt. Anfänglich als Schikane gesehen, wird mir schon bald bewusst, dass es gut ist, einen längeren Zeitraum dieser doch gravierenden und im wahrsten Sinne des Wortes „einschneidenden" Entscheidung zu widmen.

Parallel zu meinen ersten Psychotherapiestunden starte ich mit den biologischen Untersuchungen:
- erste Blutabnahme (unzählige folgen)
- erste Bestimmung des Hormonspiegels (unzählige folgen)
- Erstellung eines Chromosomendiagramms
- allgemeine Vorsorgeuntersuchung

Noch weiß keiner in meiner Familie und Firma Bescheid.
Noch kann ich es ihnen auch gar nicht sagen, denn was genau soll ich sagen? Kann sein, dass ich eine Geschlechtsanpassung mache?
Zusätzlich habe ich erst vor einigen Wochen einen neuen Job angenommen. Jetzt heißt es einmal, sich so richtig „reinzuknien" und zu beweisen, was ich kann.
Ich bin auf dem richtigen Weg. Langsam stellen sich Ergebnisse ein, und ich kann die ersten Erledigt-Haken setzen.

Das Outing

Ich lege mir einen Plan zurecht und teile die Personen in verschiedene Gruppen ein:
a) Bekannte und Freunde
b) Firma, Kollegen und Geschäftspartner
c) Familie
Die Reihenfolge wähle ich bewusst, und sie erklärt sich in weiterer Folge von selbst. Ich rufe meine besten Freunde an und vereinbare einen Termin. Andreas und Mario sind die Ersten; getrennt, obwohl sich beide kennen, treffen wir uns. Je besser ich die jeweilige Person kenne, je tiefer unsere Beziehung ist, und je mehr wir einander schätzen, desto früher kommen sie an die Reihe. Die Idee dahinter ist einfach und logisch zugleich. Die ersten Outings müssen klappen. Wenn ich schon bei den besten Freunden Schiffbruch erleide, dann brauche ich mit den harten Bandagen à la Bekannten- und Arbeitsbereich erst gar nicht anzufangen.
Andreas kommt. Wir sitzen in einer Pizzeria. Wir haben uns im Job kennengelernt. Aufgrund meines Firmenwechsels und der damit verbundenen Änderung der Branche haben wir heute geschäftlich nichts mehr miteinander zu tun, doch unsere Freundschaft ist uns erhalten geblieben.

Wir bestellen eine Pizza, ich ein Glas Rotwein. Andreas trinkt nie etwas Alkoholisches. Als Außendienstmitarbeiter kann er es sich einfach nicht leisten, in eine Alkoholkontrolle zu geraten und gegebenenfalls den Führerschein zu verlieren. Ich rutsche auf dem Sessel hin und her, stiere in die Luft, bin nervös. Andreas ist das von mir nicht gewohnt und fragt, was denn los sei. Ich finde die Worte nicht, will ihn als Freund auf gar keinen Fall verlieren. Jetzt oder nie!

„Ich bin transsexuell!" „Was bist du?" „Transsexuell. Das heißt, dass mein Geschlecht mit meinem gefühlten nicht zusammenpasst." „Was? Du lässt dich umoperieren?"

„Nein, ich lasse mich *anpassen*." Stille. Wir starren für einige Augenblicke wortlos in unsere Gläser. Andreas wirkt immer nervöser. Ich nehme einen Schluck und stelle das Glas zurück auf den Tisch, da meint Andreas: „Jetzt mal ehrlich! Was heißt das?"

„Andreas, das heißt, dass ich eine Frau bin. Schon einmal gehört, dass es Menschen gibt, die im falschen Körper geboren wurden? Jetzt kennst du einen." „Warum jetzt? Wir kennen uns doch schon seit mindestens zehn Jahren." „Ja, aber erst jetzt ist die Zeit reif dafür, und der Hauptgrund ist Margit. Ohne ihre Unterstützung würde ich heute nicht hier sitzen." Ich erkläre Andreas, wie der weitere Ablauf sein wird und was nun noch alles auf mich zukommt.

Hormontherapie
Alltagstest
Psychotherapie
Lasertherapie
medizinische Gutachten
OP …

Ich höre auf, denn es wirkt, als würde ihm schlecht werden, aber das erste Outing ist gut gegangen, Andreas ist bis heute mein Freund.

Die Untersuchungen sind zeitaufwändig, und ich versuche, sie so weit wie möglich außerhalb meiner Arbeitszeit zu erledigen. Fernbleiben bedarf immer einer Bestätigung, und jede Bestätigung erzeugt Fragen, auch wenn sie nicht gestellt werden dürfen und schon gar nicht beantwortet werden müssen.
Auf einige Fragen habe ich mich bereits vorbereitet: „Wozu hast du eigentlich einen Termin am Institut für Humangenetik der Medizinischen Universitätsklinik?“
Die nächstliegende Antwort darauf: Erbkrankheit!
Die einzige Erbkrankheit, die ich habe, ist mein Geschlecht, und das gehört dringend geändert.
Das Untersuchungsergebnis des Chromosomendiagramms meines Blutes liegt vor: ein klassischer XY-Chromosomensatz. Alles andere wäre eine riesige Überraschung gewesen, als Vater zweier Kinder aus erster Ehe ist dieses Ergebnis vorhersehbar, und die Untersuchung an sich ist nur eine vorgeschriebene Routineangelegenheit.

Nächste Station: Hormonspiegel
Auch hier zeigt das Ergebnis keinerlei Abweichungen von den typisch männlichen Werten. Testosteron mehr als ausreichend vorhanden.

Die Psychotherapie beginnt:
Woche für Woche sitze ich auf der sprichwörtlichen „Couch“ und lasse mein Leben Revue passieren. Komisch, jetzt, da ich genauer nachdenke, fallen mir immer wieder Situationen ein, die ich heute ganz anders deute als damals. Mit meinem jetzigen Wissen kann ich aus vielem eindeutig die ersten Anzeichen meiner Transsexualität ableiten. Es ist gut, wie es ist, und vor allem ist es gut, dass ich hier sitze. Anfänglich ziehen sich die Termine. Da sich jedoch ein sehr gutes Klima zwischen uns, meinem Therapeuten und mir, aufbaut, sind die Stunden schon

lange keine nervigen, zu absolvierenden Pflichtübungen mehr. Einmal so richtig über sein bisheriges Leben nachzudenken, kann keinem schaden.
Heute ist meine 30. Stunde. Die magische Grenze!
Nach Erhalt dieses Zwischenbescheids würde ich endlich das zweite psychiatrische Gutachten einholen können. Dieses ist zwingend und muss von einem vom ersten Gutachten unabhängigen Psychiater erstellt werden.
Ich wähle die Psychiatrische Abteilung der Med. Uni Graz. Dabei denke ich mir: „Waren alle einmal ‚Kollegen' von mir."
Der Termin zum Erhalt des notwendigen Gutachtens zur Einleitung der medizinischen Maßnahmen wird mehrmals verschoben. Zugesagte Termine werden nicht eingehalten, ein Urlaub wird unerwartet angetreten. Es nervt, zumal ich für die Termine selbst immer wieder Urlaub nehmen muss, aber jede Beschwerde würde nur noch eine weitere Verzögerung nach sich ziehen. Dienst nach Vorschrift heißt das dann.
Kurz vor der Ausstellung des zweiten Gutachtens werde ich noch einmal angerufen, und die offenen Fragen und Punkte werden abgearbeitet. Ich weiß, dass das alles bereits Thema unserer Gespräche gewesen ist. Ich bin sauer, dass man sich anscheinend nicht einmal die Mühe gemacht hat, die Aufzeichnungen ordentlich durchzusehen.
Trotzdem: Die Freigabe für die Hormontherapie ist endlich da. Das einzig Entscheidende! Jetzt geht die Reise erst richtig los. Nicht der kleinste Zweifel ist vorhanden.
Meine Unsicherheit ist längst einer Vorfreude gewichen.
Von der Psychiatrie geht es direkt in die Endokrinologie. Mensch, mein Wortschatz hat an für mich zuvor unaussprechbaren Begriffen zugelegt. Beachtlich!
Die beiden Abteilungen liegen so ziemlich auf der gegenüberliegenden Seite des Klinikums. Gut, dass ich mit dem Fahrrad unterwegs bin.

Es ist Freitag, der 13. April 2012

Soll dies heute mein zweiter Geburtstag sein?
Claudia, inzwischen eine ganz liebe Freundin, ist die zuständige Oberärztin. Neben ihren Fachkenntnissen hat sie nie das Gefühl für den Menschen in einer Ausnahmesituation verloren. Sie ist in dieser speziellen Lage immer Hilfe und Stütze, fachlich kompetent und rücksichtsvoll. So jemanden muss man erst einmal finden. Es tut gut, auch solchen Menschen in einer schwierigen Zeit zu begegnen. „Alles da?", werde ich gefragt.
Ja, alles da, und das O.K. von der Psychiatrie ist auch schon erteilt. Den Arztbrief hat meine Ärztin in meiner Gegenwart auf Band diktiert. Claudia weiß aus Erfahrung, dass gerade das Schreiben dieses Befundes immer eine längere Zeit beansprucht. Doch es ist fix.

Wir starten:
Es erfolgt eine Blutabnahme. Mir wird die Wirkung der einzelnen Medikamente erklärt. Androcur ist ein Testosteronblocker in Tablettenform, wirkt relativ rasch und sorgt dafür, dass das männliche Geschlechtshormon nicht mehr produziert wird. Folge: Der Geschlechtstrieb wird extrem herabgesetzt. Wie ich später dem Beipackzettel entnehmen kann, wird dieses Präparat aus diesem Grund auch bei Triebtätern eingesetzt. Lustig, ich bin transsexuell und werde in der Gebrauchsinformation in einem Satz mit Triebtätern genannt.
Die Muskelmasse beginnt sich rasant abzubauen. Die Auswirkungen spüre ich vor allem dann, wenn ich unseren Einkauf über die drei Stockwerke in die Wohnung schleppe. Wir haben keinen Lift. Ist es früher für mich ein Klacks gewesen, ohne größere Vorbereitung zehn Kilometer zu laufen, muss ich mich jetzt über alle Maßen anstrengen, gerade einmal fünf Kilometer zu schaffen.
Das weibliche Hormon Östrogen trage ich in Form eines Gels

auf. Wir beginnen mit einem Hub und steigern nach und nach die Dosis, bis der altersentsprechende Östrogenwert einer Frau erreicht ist. Bei jedem meiner weiteren Besuche auf der „Endo" wird ein Hormonspiegel erstellt, anhand dessen man die Wirkung des jeweiligen Medikaments klar aufzeigen kann.
Wir steigern das Östrogen bis auf vier Hübe. Schon nach einigen Wochen habe ich meinen Sollwert erreicht. Zumindest hormonell bin ich jetzt endlich eine Frau.
Die Veränderungen beginnen, wobei die physischen sich mehr Zeit lassen als die psychischen. Aber auch sie stellen sich ein. Es dauert keine zwei Wochen, und der Ofen ist aus. Mein sexuelles Verlangen ist in den Keller gefallen, und wenn es früher bloß eines zärtlichen Blicks meiner Frau bedurfte, regt sich unterhalb der Gürtellinie nichts mehr. Beachtenswert, wie meine Frau damit umgeht. Immerhin hat sie einen „Mann" geheiratet, und Sex ist uns immer wichtig gewesen. Zusätzlich stellt sich schon in den ersten Wochen eine Fettumverteilung in meinem Körper ein. Die Fettreservoirs um den Bauch werden kleiner, dafür sammelt sich immer mehr Fett an Beinen und Po an. Durch das Wegfallen von erheblichen Muskelgewebeanteilen ist auch jedes Training nicht mehr ergiebig. Früher hätte ich nur zwei Tage auf meine täglichen 100g-Schokoladetäfelchen verzichten müssen, und ich hätte schon, ohne etwas Zusätzliches zu tun, einfach abgenommen. Jetzt kann ich nicht einmal mit Bewegung mein Gewicht halten. Trotzdem bin ich mit einer Gewichtszunahme von fünf Kilogramm noch gut bedient. Bei meinem nächsten Besuch berichte ich Claudia davon. Sie ist hellauf begeistert. Werte und Fortschritt sind optimal, die Einstellungen können so bleiben. Die von mir beklagte Gewichtszunahme findet sie bestenfalls lustig. „Kein Vorteil, wo nicht auch ein Nachteil ist. Du bist eine Frau, also wirst du auch diese Seite akzeptieren müssen". Sie schmunzelt, aber mir ist das Lachen vergangen.
Da ich schon vor dem Start der Hormontherapie sensibel gewe-

sen bin, werden nun meine Empfindungen durch die Behandlung noch verstärkt. Diese Nebenwirkung ist mir bekannt. Doch plötzlich wird jede Kritik, auch wenn sie berechtigt und sachlich ist, als persönlicher Angriff gewertet. Ich reagiere mit einer Gereiztheit, die meine Kollegen von mir nicht gewohnt sind. Nur mit Mühe schaffe ich es, mich einigermaßen über die Stunden des Tages zu schieben.

Der Tag ist beschissen gewesen, und ich habe im Job verdammt viel zu tun gehabt.
Mein Kopf ist schwer, und ich bin müde, sehr müde. Ich ziehe mich aus. Ausnahmsweise habe ich nicht einmal mehr die Kraft, meine Kleidung aufzuhängen, und daher werfe ich sie einfach in die Ecke. Margit kommt heute erst später von der Arbeit nach Hause. Ich setze mich auf den Boden. Ich bin bis auf die Unterhose entkleidet. Ich beginne zu heulen. Tränen fließen. Ich versuche mich zu beruhigen. Noch nie habe ich so gefühlt, noch nie bin ich von einer derartigen Traurigkeit verschlungen worden und in ein derartiges Loch gefallen. Ich schalte das Radio ein. Es läuft irgendein Song einer ehemaligen Boygroup und plätschert so dahin, ohne von mir wahrgenommen zu werden. Der nächste Titel läuft an, und es reichen exakt zwei Akkorde, um ihn zu erkennen. Als absoluter Queen-Fan könnte ich bei einer Spezialausgabe der Show „Einer wird Millionär" zu diesem Thema antreten und hätte dabei ganz gute Karten für die Million.
„The show must go on"
Irgendwie verfolgt mich dieser Song, und nicht immer ist es ein optimaler Zeitpunkt.
Seit ich Margit vor Jahren erzählt habe, dass dieser Titel bei meinem Begräbnis gespielt werden soll, ist er bei ihr verpönt, und sie kann ihn nicht mehr hören. Als Margit Stunden später nach Hause kommt, habe ich mich einigermaßen gefangen, und daher erzähle ich ihr nichts.

Mein Weg
2006–2014

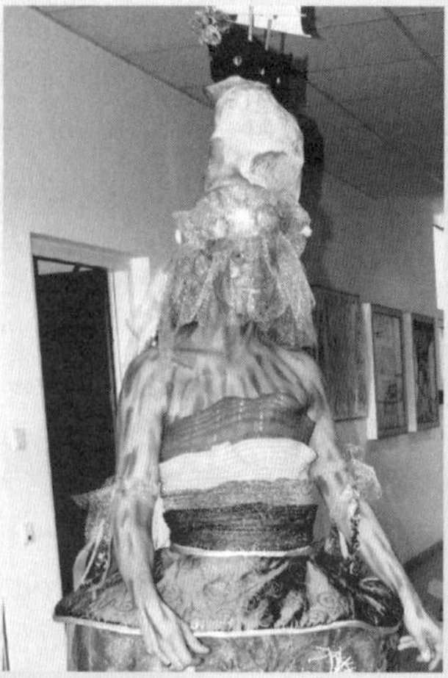

September 2013

Meine Chefin bittet mich, dass ich mich um die Einkaufsbelange des Sanatoriums Hansa, einer Tochter unseres Unternehmens, kümmern soll. Diese Überlegung ist naheliegend, da ich als ehemaliger Leiter der Zentralen Beschaffung der Medizinischen Universität Graz bereits Erfahrung auf diesem Gebiet habe. Für mich ist diese Aufgabe trotzdem eine neue Herausforderung, die ich gerne annehme. Immer einen Plan zu haben, ist auch hier das oberste Gebot. Um mir einen Überblick zu verschaffen, erstelle ich eine ABC-Analyse über Produkte und Lieferanten. Es ist naheliegend, dass ich die wichtigsten Geschäftspartner einlade. Unter den Top-10-Firmen ist auch eine, die OP-Material an uns liefert. Noch nie hatte ich mit dieser Firma zu tun, nicht einmal in meiner Zeit an der Uni.

Ich rufe beim Lieferanten an, frage nach der zuständigen Person, den Namen habe ich nie gehört, sie noch nie gesehen.

Ich vereinbare einen Besprechungstermin für den 6. Oktober 2013 mit ihr. Wir wollen einander kennenlernen und über den aktuellen Stand der Dinge reden. Wie immer weise ich bereits beim Telefonat darauf hin, dass meine Stimme nicht zu meinem Äußeren und schon gar nicht zu meinem Inneren passen würde. Ich bin mir nicht mehr sicher, ob ich beim ersten Telefonat bereits konkret auf meine Transsexualität hingewiesen habe, jedenfalls kommt Frau Knittl am Montag um 10:30 Uhr in mein Büro.

Die Tür öffnet sich, und vor mir steht eine wunderschöne, gepflegte und durch und durch sympathische Frau. Es passt auf Anhieb. Sie setzt sich mir gegenüber hin, und ich kann nicht anders, ich muss sie von oben bis unten mustern.

Schöne und gepflegte Frauen waren schon immer mein Ideal, und eigentlich, bis auf die blonden Haare, ist sie genau der Typ Frau, den ich selbst schon immer verkörpern wollte. Sie erzählt

von den bisherigen Geschäftsfällen, lässt mir die entsprechenden Kontakte und aktuellen Konditionen zukommen und verlässt mein Büro knapp zwei Stunden später. Es gibt Termine, die ziehen sich in die Länge, auch wenn sie eigentlich nur einige Minuten dauern. Dieser Frau hätte ich stundenlang zuhören können. Ich bin von ihrem Auftreten und ihrer Aura begeistert.
Der Rest des Tages ist ein Fiasko. Ich schummle mich so über die Zeit, bin unrund, kann keine klaren Gedanken fassen, und meine Hormone spielen verrückt. Habe ich mir heute die falsche Dosis verpasst? Ich weiß es nicht.
Mein Zustand verschlimmert sich zusehends, und ich falle in eine Depression, deren Ausmaße beinahe tödlich enden.
Ich schreibe mein Testament, überlege mir, welchen Menschen ich noch einen Brief zukommen lassen möchte. Die meisten Briefe fallen als Entschuldigungsschreiben aus. Ich bin tatsächlich so weit, meinem Leben ein Ende setzen zu wollen.
Alles ist erledigt. Das Testament geschrieben, die Abschiedsbriefe habe ich in der Lade meines Bürokästchens unter dem Tisch deponiert. Die beiden wichtigsten liegen obenauf. Der Brief an meine wunderbare Frau und einer an Kathrin. Kathrin ist als eine der Letzten neu in unser Team gestoßen, und sie ist ein Mensch, den man einfach lieben muss. Herzerwärmend, ehrlich und meistens gut aufgelegt. Kathrin ist bereits eine der wenigen Kolleginnen, die mich nur mehr in meiner neuen, „upgedateten" Form kennengelernt haben. Was aber ist so außerordentlich an ihr? Sie ist mir nahe, vielleicht nicht im ersten Augenblick, jedoch spätestens, als wir beginnen, miteinander zu reden. Eine Frau mit Herz und Verstand. Ich liebe die Gespräche mit ihr. Sie weiß alles von mir, und viele meiner Ängste kann ich nur deswegen einordnen, weil sie mir zuhört. Zuhört, einfach nur dasitzt und zuhört. Niemand anderer in unserem Unternehmen hat es nur annähernd geschafft, mich immer wieder zum Nachdenken zu bringen, aber auch zum Lachen.

Der Brief an Kathrin liegt direkt unter dem an Margit. Sie hat, so kann man es ohne Zweifel nennen, so etwas wie die „Arschkarte“ gezogen. Meine Worte an sie sind sehr liebevoll, aber auch vorsichtig, wenn man mein Vorhaben überhaupt irgendjemandem einigermaßen vorsichtig mitteilen kann. Kathrin ist „auserwählt“, mein Begräbnis zu organisieren. Für mich kommt kein anderer Mensch dafür in Betracht. Ich kann mich auf sie verlassen, denn all die Veranstaltungen, die sie in der Firma organisiert, sind perfekt, und ich will ein perfektes Begräbnis.

Alles ist fixiert: Die Briefe an meine Freunde und die Verwandten, die ich zu diesem Kreis zähle. Mitteilungen und Dankschreiben an meine Lieferanten, Geschäftspartner und natürlich auch an meine Arbeitskollegen, allen voran an meine Chefin.
Ich komme ins Büro. Es ist exakt 06:06 Uhr, als ich mich im Zeiterfassungssystem einlogge. Dazu muss ich den Computer hochfahren. Aus Gewohnheit öffne ich mein Outlook. In meiner Etage ist noch kein einziger Kollege da.
Ich öffne das Fenster meines Büros. Es liegt im 6. Stock, und direkt vor mir sehe ich auf den großen asphaltierten Parkplatz, auf dem um diese Zeit noch kein einziges Auto steht. Das Fenster meines Büros ist gegen Osten ausgerichtet, und so kann ich jeden Morgen den Sonnenaufgang genießen, miterleben, wie der Himmel sich verfärbt, miterleben, wie die dunklen Schleier der Nacht vom Hell des Tages ausradiert werden.
Ich nehme am Fenster Platz. Meine Beine hängen aus dem Fenster nach unten und baumeln. Ich weine und zittere, bin zerrissen. Meine Gedanken sind die ganze Zeit bei Margit, und doch kann ich aus der Gefangenschaft meines Käfigs, der Angst und Verzweiflung nicht fliehen. Niemand in der Firma hat meine Andeutungen erkannt, niemand die Ausweglosigkeit, in der ich mich befinde. Ein letzter Blick zurück ins Büro.

CHRISTINA

22.10.1965–07.10.2013

Ich danke allen Menschen, die meinen Weg begleitet haben, ganz besonders aber meiner über alles geliebten Frau.

LIEBE MARGIT!

ICH TRAGE DEIN HERZ BEI MIR,
ICH TRAGE ES IN MEINEM HERZEN,
NIE BIN ICH OHNE ES.
WOHIN ICH AUCH GEHE, GEHST DU, MEINE TEURE,
UND WAS AUCH NUR VON MIR ALLEIN GEMACHT WIRD,
IST DEIN WERK, MEIN SCHATZ.
ICH FÜRCHTE KEIN SCHICKSAL, WEIL DU MEIN SCHICKSAL BIST,
MEIN LIEBLING.
ICH WILL KEINE WELT, WEIL DU, MEINE SCHÖNE,
MEINE WELT BIST, MEINE LIEBSTE.
HIER IST DAS TIEFSTE GEHEIMNIS, UM DAS KEINER WEIẞ,
HIER IST DIE WURZEL DER WURZEL
UND DIE KNOSPE DER KNOSPE
UND DER HIMMEL DES HIMMELS,
EIN BAUM NAMENS LEBEN,
DER HÖHER WÄCHST, ALS UNSERE SEELE HOFFEN,
UNSER GEIST VERSTEHEN KANN.
DAS IST DAS WUNDER, DAS DEN HIMMEL ZUSAMMENHÄLT.
ICH TRAGE DEIN HERZ,
ICH TRAGE ES IN MEINEM HERZEN

(E. E. Cummings)

MEINE LIEBSTE!
ICH KANN DIR JETZT NUR NOCH SAGEN, DASS DU DIE ABSOLUTE LIEBE MEINES LEBENS WARST. DIE JAHRE, DIE DU MIR SCHENKTEST, WAREN DIE GLÜCKLICHSTEN MEINES LEBENS.
ÄUSSERLICH IST SIE VERDORRT, DIE SONNENBLUME, ABER IM INNEREN, IN UNSEREN HERZEN WIRD SIE EWIG BLÜHEN.

ICH DANKE DIR FÜR DIESE WUNDERSCHÖNE ZEIT MIT DIR.

ICH LIEBE DICH ÜBER ALLES – AUF EWIG. CHRISTINA

Da ist es. Eine ungelesene E-Mail von Frau Iris Knittl, der Dame, die sich am Vortag bei mir vorgestellt hat.
Das erste Mal habe ich Zweifel an dem, was ich vorhabe. Soll ich, soll ich nicht, soll ich …
Ich steige vom Fensterbrett und rutsche auf meinen Sessel.

E-Mail
Gesendet: Montag, 07. Oktober 2013, 22:35
An: Strasser Christina
Betreff: Danke für Ihren Besuch

Liebe Frau Strasser!
Ich möchte mich ebenfalls ganz herzlich bei Ihnen für den heutigen Termin bedanken! Wissen Sie, ich habe es mir zur Gewohnheit gemacht, mich jeden Tag am Abend ins Bett zu legen und mir zwei Fragen zu stellen, um den Tag in Dankbarkeit abzuschließen:

1. Was war das Geschenk des heutigen Tages?
2. Was war das Wunder des heutigen Tages?

Bereits um halb 11 Uhr vormittags wusste ich heute, dass Sie und das Gespräch mit Ihnen das Wunder des heutigen Tages für mich waren! Vielen lieben Dank dafür – für Ihre Offenheit und Ihre Ehrlichkeit, für Ihr Vertrauen und für Ihre Herzlichkeit. Ich bewundere Ihren Mut, am meisten aber Ihre Liebe zu Ihrer Frau und zum Leben! Herzlichen Glückwunsch, ich bin begeistert, bewegt und beflügelt vom Gedanken, dass durch die Liebe alles, aber auch wirklich alles möglich ist!
Verbunden mit den Wünschen für eine schöne und erfolgreiche Woche sende ich ganz, ganz liebe Grüße.

Iris Knittl

Ich lese die Zeilen immer und immer wieder. Keine Nachricht, kein Brief und keine E-Mail sind jemals in einem Leben richtiger angekommen als dieses Schreiben.
Ich lege meinen Kopf auf den Tisch und atme durch. Es dauert Minuten, bis ich wieder bei mir bin. Ich setze mich an meinen PC und muss ihr sofort antworten.

> *Liebe Frau Knittl!*
> *Herzlichen Dank für Ihre wunderbaren Zeilen. Wissen Sie, es ist ein Unterschied, ob man von einer Sache begeistert ist und diese „nur“ aufnimmt oder ob man diese Begeisterung auch teilt und zurückmeldet.*
> *Sie haben den Gedanken unseres Gesprächs aufgenommen, und das, was Sie Geschenk nennen, in unendlich größerer Menge wieder zurückgegeben. Gerade solche Menschen wie Sie sind es, die das Leben lebenswert machen.*
> *Ich danke Ihnen ganz besonders, denn sie haben von mir ein Gespräch geschenkt bekommen. Mir aber haben Sie heute mein Leben gerettet. Ich danke Ihnen dafür.*
> *Ganz liebe Grüße*
>
> *Christina Strasser*

Ich fahre nach Hause. Die Zeit steht still.
Margit arbeitet hin und wieder auch am Nachmittag in der Ordination. Es würde noch zwei Stunden dauern, bis sie heimkommt. Es wird Zeit, ins Bad zu gehen. In diesem Zustand kann ich Margit nicht unter die Augen treten. Zu viele Fragen würden entstehen. Fragen nach dem Warum. Fragen, die ich einfach nicht beantworten kann.
Ich stelle mich unter die Dusche. Das handwarme Wasser brennt wie Feuer auf meiner Haut, und ich drehe es kälter, bis der Hebel der Armatur am Anschlag ansteht. Nur langsam wird es

kälter, doch nach einigen Minuten prasselt endgültig nur noch eiskaltes Wasser auf mich nieder. Obwohl ich eine Gänsehaut habe, stehe ich Minuten darunter. Um mich verschwimmen die Konturen, und langsam spüre ich, wie sich mein Schmerz löst und gemeinsam mit dem Wasser wegfließt. Fast eine Stunde stehe ich unter der Dusche.

21. Dezember 2011

Es ist Zeit für die nächste Outing-Runde.
Noch haben wir fast den kompletten familiären Kreis ausgeschlossen. Die Tochter von Margit haben wir aber bereits informiert, und wir treffen uns in der Innenstadt. Die Nachricht wird von ihr ganz locker aufgenommen, so als ob wir ihr erzählen würden, dass ich mir gerade neue Schuhe gekauft habe.
Unsere Beziehung ist nie besonders gut gewesen, ganz im Gegenteil. Es ist ein Katz-und-Maus-Verhältnis. Immer auf der Hut, vom anderen nicht „gefressen" zu werden. Vielleicht hat das aber nur damit zu tun, dass ich Margit kennengelernt habe, als ihre Tochter in der Hochblüte ihrer Pubertät gewesen ist. Oft genug hätten wir uns gegenseitig am liebsten die Augen ausgekratzt. Doch jetzt ist plötzlich alles anders.
Von einem Moment auf den anderen können wir ruhig miteinander reden, uns in die Augen schauen und den anderen ausreden lassen. Ich bin beinahe fassungslos, als sie sich beim Gehen von mir mit einem Küsschen links, Küsschen rechts verabschiedet.

Mit dem Outing bei den besten Freunden bin ich durch, und ich stelle fest, dass es weit besser gelaufen ist, als ich ursprünglich befürchtet habe. An eine Offenlegung meiner Situation bei meinem Arbeitgeber ist nach wie vor noch nicht zu denken, also

starte ich mit einem „Trockentraining“. Meine beruflichen Erfahrungen zwingen mich geradezu zu dieser Vorgangsweise. Alle meine Schritte müssen abgesichert und immer auch ein Notfallplan hinterlegt sein. Es darf mir einfach kein Fehler passieren. Misserfolg zu haben, kann ich mir im wahrsten Sinn des Wortes nicht leisten. Ich muss wissen, wie meine Geschäftspartner auf meine Veränderung reagieren. Es ist naheliegend, dass ich nicht den Verkaufschef meines aktuell größten Lieferanten anrufen kann. Auch wenn ich ein noch so gutes Verhältnis zu meinen Geschäftspartnern habe, dieses Eisen ist eindeutig zu heiß. Ich weiß, dass jeder noch so kleine Fehler mit meinem beruflichen „Tod“ bestraft werden könnte.
Da ich erst vor rund einem halben Jahr zu meiner jetzigen Firma gewechselt habe, lade ich nach Dienst am Abend immer wieder Geschäftspartner meiner vorherigen Firma zu persönlichen Treffen ein. Nachdem der Abgang von meiner alten Firma nicht besonders „schön“ abgelaufen ist und ich mich von meinen Lieferanten auch durchwegs nicht persönlich verabschieden konnte, freut man sich, mich wieder hören und sehen zu können. Ich bin immer bestrebt, trotz harter Verhandlungen fair und aufrichtig zu bleiben, und genau das schätzen meine Geschäftspartner an mir, Handschlagqualität eben.
Ich lade einige dieser ehemaligen Geschäftspartner zu einem Gespräch in ein Café in der Nähe meines Arbeitsortes ein. Meine Aufregung hält sich in Grenzen. Das Treffen findet immer in meiner „alten Version“ als Mann statt, denn alles andere würde bereits in der ersten Sekunde zu viele Fragen aufwerfen. Stellen Sie sich vor, Sie werden von Ihrem Freund, den Sie über Jahre kennen, zum Essen eingeladen, und dann sitzt an seiner Stelle plötzlich eine Frau. Glauben Sie mir, das macht Probleme, und zwar mehr, als ich in diesem Moment zusätzlich noch gebrauchen kann. Diese Situation wäre für die meisten eine nicht notwendige Überforderung, und daher vermeide ich sie.

Es gibt Personen, bei denen ich ganz vorsichtig bin, damit ich mir ihrer Freundschaft auch weiterhin relativ sicher sein kann, jedoch absolut sicher kann ich mir nirgends sein. Es gibt aber auch welche, bei denen es mir eigentlich egal ist, ob wir nach unserem Gespräch noch miteinander reden würden. Ich lade sie ein, die Verkaufsleiter, Außendienstmitarbeiter, Geschäftsführer und Eigentümer. Viele von ihnen nehmen die Einladung an, freuen sich auch über das Treffen, und so absolviere ich bald eine stattliche Anzahl an Gesprächen. Die Bilanz sieht nicht so übel aus. Trotzdem bleibt es immer eine Art Pokerspiel, und meine Gegenüber lassen sich nur selten in die Karten schauen.
Der erste Eindruck lässt mich glauben, dass ich beinahe eine 100%ige Erfolgsrate erreichen könnte. Es fällt mir nicht auf, dass der überwiegende Teil meiner Gesprächspartner nur „gute Miene zum bösen Spiel“ macht, schweigt und bloß so tut, als wäre es für sie kein Problem. Nachdem wir uns trennen, sind viele dieser Personen für mich plötzlich nicht mehr erreichbar. Sie lassen sich verleugnen, nehmen den Hörer nicht ab, antworten auf keine Nachricht am Handy, und wenn ich ihnen in der Stadt zufällig über den Weg laufe, meinen sie, dass es gerade nicht geht oder passen würde, weil man einen dringenden Termin hat. Jedoch fast keiner hat die Courage, die Ablehnung auszusprechen, aber für mich ist es glasklar, dass nur meine Veränderung der eigentliche Grund für ihr Verhalten sein kann. Die ehemaligen 100 Prozent halbieren sich, und zuletzt steht da eine Zahl unter 25 Prozent. Aussagen von denen, die übriggeblieben sind: „Das waren dann keine wahren Freunde“, stimmen zwar, doch es tut trotzdem weh. Ich bin doch nach wie vor der/die Gleiche und kann es nicht verstehen.
Ein besonderes Treffen mit einem ehemaligen Geschäftspartner sei hervorgehoben, nicht wegen des Freundes, der mir gegenübersitzt, sondern vielmehr wegen eines nicht geplanten Statisten. Wir treffen uns in einem guten Lokal. Günter habe ich im

Vorfeld bereits informiert, und er kennt die Geschichte meiner Transsexualität. Es ist das erste Treffen für mich in weiblichem Outfit mit einem meiner ehemaligen Verkaufsleiter. Meine Nervosität hält sich in Grenzen. Günter und ich kennen einander bereits über sieben Jahre, und uns verbindet eine Freundschaft, die auch heute noch aufrecht ist. Wir setzen uns, bekommen unsere bestellten Speisen und Getränke und führen ein lockeres, angenehmes Gespräch.

Ein Mann betritt das Lokal. Sofort sieht er mich und nimmt mich ins Visier. Er kommt näher und stellt sich vielleicht grade einmal drei Meter von uns entfernt einfach hin und glotzt. „Na ja", denke ich mir, „er wird schon wieder gehen." Es vergeht Minute um Minute, und der Mann steht noch immer steif und fest auf seinem Platz. Ich frage ihn: „Gibt es ein Problem, darf ich Ihnen helfen?"

Keine Antwort.

Es scheint mir, als würde der Mann mich einscannen, abtasten, und ich fühle mich, als würde er mich ausziehen. Einige Minuten warte ich noch.

In vielen meiner Kommunikationstrainings wurde mir beigebracht, dass es wichtig ist, die Menschen dort abzuholen, wo sie gerade stehen. Jeder von uns steht eben auf einer anderen, auf seiner Stufe. Wenn man diesen Satz befolgt, kann man sich ziemlich sicher sein, dass man verstanden wird. Ich entschuldige mich bei meinem Gesprächspartner mit den Worten: „Ich bitte dich, die nächsten Worte aus deinem Gedächtnis zu streichen. Du wirst gleich verstehen, was ich meine.

Es ist weder mein Niveau, noch meine übliche Wortwahl." Ich blicke den noch immer wartenden, gaffenden und mich belästigenden Mann an und sage: „Ja, es mag für Sie so aussehen, dass ich ein Mann bin, aber ich muss Sie enttäuschen. Ich war schon immer eine Frau, und mein Äußeres wird in den nächsten Monaten nach und nach angepasst. Das heißt für Sie, dass ich

noch immer einen Schwanz zwischen meinen Beinen habe, der zwar nicht wirklich zu mir gehört, er ist aber noch da. Also Klartext: Sie können mich jetzt gerne weiter anglotzen, dann werde ich sehr schnell den Chef des Lokals rufen, oder aber Sie können mir auf der Stelle ‚einen blasen', denn wenn Sie sich bemühen, könnte es noch funktionieren. Dazu müssten Sie sich aber wirklich bemühen, sehr bemühen sogar, und ich habe ernsthafte Zweifel daran, dass Sie das zusammenbringen."
Blitzartig dreht sich der Mann um und verlässt umgehend das Lokal. Ich entschuldige mich noch einmal bei Günter und meine noch: „Rede mit einem Arsch, wie man mit einem Arsch reden muss, und er wird dich verstehen."
Wir stoßen mit unserem Rotwein an und verbringen noch einen schönen, angenehmen Abend ohne weitere Zwischenfälle.

In dieser Zeit starte ich auch meine „ berufliche Absicherungsrunde", falls ich das Outing in „meiner" Firma nicht überleben sollte. Wie schon erwähnt: Ein guter Einkäufer muss immer einen Notfallplan zur Verfügung haben. Seit Jahrzehnten bin ich nun im Einkauf tätig, davon den größten Teil in leitender Funktion. Aufgrund mehrerer Firmenwechsel habe ich sehr viele unterschiedliche Branchen kennengelernt, was mir ausgezeichnete Warenwirtschaftskenntnisse eingebracht hat. Immerhin habe ich für die chemische Industrie genauso eingekauft wie für die Kunststoffindustrie, den Metallbau und Maschinenbau, sogar für den öffentlichen Dienst an der Universität. Ich habe viele Firmen kennengelernt, und ich erinnere mich immer wieder an den Satz meines ersten Chefs:
„Beschäftige dich immer mit dem Produkt, das du kaufen möchtest, suche den Grund, warum es gut ist, und finde seine Schwachstellen. Du musst deinem Geschäftspartner immer vermitteln, dass du weißt, wovon du sprichst." All das habe ich beherzigt, und ich bin in der Einkaufsbranche kein Unbekannter,

was zur Folge hat, dass ich mehrmals pro Monat von diversen Headhuntern angerufen werde, die versuchen, mich abzuwerben.
Wie schon gesagt: Ein Einkaufschef muss immer auch einen Notfallplan haben. Diesen gilt es jetzt aufzubauen. Ich beginne mich erstmals mit meinem neuen weiblichen Namen zu bewerben. Korrekterweise führe ich in meinen Bewerbungen bereits die allgemeinen Umstände um meine Person an, immerhin bewerbe ich mich weiblich und habe doch nur männliche Unterlagen, von Schul- bis zu Dienstzeugnissen. Die ersten Bewerbungen sind draußen. Dann der Schock. Noch vor einigen Wochen bin ich bedrängt worden, und man hat versucht mich abzuwerben, und jetzt?
Von dreißig Bewerbungen bekomme ich nur eine einzige Rückmeldung, die ist zwar negativ, aber wenigstens ist es eine. All die anderen wollen sich mit meiner Situation nicht anpatzen. Noch vor einigen Wochen hat mir ein Headhunter für einen Wechsel rund € 7.000.- pro Monat geboten samt einigen lukrativen Firmenbegünstigungen. Und jetzt? Habe ich durch meine Hormonbehandlung plötzlich mein Hirn verloren? Habe ich all die Erfahrungen der letzten Jahre vergessen und all meine Kenntnisse plötzlich verloren, nur weil ich jetzt Lippenstift statt Dreitagebart trage? Ich verstehe es nicht, kann es einfach nicht glauben.

Überall wird von Toleranz und Akzeptanz gesprochen. Alles Scheiße! Es ist beinahe wie mit einer schweren Krankheit, solange man sie nicht selbst hat oder die betroffene Person in der engen Verwandtschaft oder Firma zu finden ist. Anstatt die große Chance für ein Unternehmen zu nutzen, eine Person in seinem Kreis zu haben, die beide „Seiten“ kennengelernt hat, eine, die jetzt wie eine Frau fühlt und denkt, mit dem typischen Geschick und Durchhaltevermögen einer Frau, aber trotzdem mit brachialer männlicher Härte, die über 30 Jahre mit der harten Einkaufsrealität konfrontiert war, und der werden jetzt die Türen vor der Nase zugeschlagen. Mir ist zum Kotzen.

Weihnachten 2011

Die Adventszeit ist da, und die Häuser sind mit so vielen Lampen geschmückt, dass selbst Hollywood blass aussehen würde. Aus allen Geschäften tönen dieselben Weihnachtslieder, und der Weihnachtsmann ist jetzt schon erledigt, obwohl er bis zum Fest noch drei Wochen durchzuhalten hat.
Wir haben keinen Stress. Für Margit und mich ist Weihnachten schon lange kein Fest mehr, das wir besonders feiern. Trotzdem sitzen wir am Heiligen Abend mit Margits Tochter und ihrer Mutter zusammen und lassen uns das Fondue schmecken. Es ist ein angenehmer Abend, obwohl ich mich nicht vollständig konzentrieren kann. Zu sehr kreisen meine Gedanken bereits um die Feierlichkeit mit meinen Geschwistern, die am Stephanitag bei meinen Eltern stattfindet.

Es ist der Tag des Outings vor meinen engsten Verwandten. Es muss heute geschehen, daran geht kein Weg vorbei. Die Begründung liegt auf der Hand. Nachdem wir es vermeiden, uns öfter als ein paar Mal im Jahr zu sehen, muss ich die Situation nutzen, alle zur gleichen Zeit an einem Tisch zu haben, um so sicherzustellen, dass alle den gleichen Wissensstand haben. Aufkommende Frage will ich sofort beantworten und eines vor allem vermeiden: das Stille-Post-Syndrom! Die Angelegenheit ist zu heikel, um die Verbreitung dieser Nachricht meinen Geschwistern zu überlassen, zumal ich weiß, dass beim Weitererzählen natürlich ausgeschmückt und ergänzt würde, bis nichts

vom Kern der Sache übrig bleibt. Das kann, das will ich mir nicht antun.
Margit und ich versuchen immer, pünktlich zu erscheinen. An Festtagen wie Weihnachten und Ostern ist meine Mutter meist noch gereizter und anstrengender als die restliche Zeit im Jahr. Um 14:00 Uhr soll es losgehen.
Wir fahren bereits um 13:00 Uhr von Graz ab und kommen nach gut einer halben Stunde bei meinen Eltern an. Ihr Haus liegt, von Graz kommend, knapp fünf Kilometer vor Voitsberg auf einem Berg, zirka drei Kilometer von der Bundesstraße und damit ebenso weit von der nächsten Bushaltestelle entfernt. Meine Mutter hat in den letzten Jahren erhebliche körperliche Probleme bekommen, und da sie über keinen Führerschein verfügt und der Fußweg zum Bus für sie nicht mehr zu bewältigen ist, kann sie das Haus ohne Unterstützung meines Vaters kaum noch verlassen. So hocken sie in einem Haus in Traumlage. Die gesamte südliche Steiermark liegt ihnen zu Füßen. So frei und weit dieser Blick auch ist, so ist das Haus auch zugleich ihr goldener Käfig, in dem sie eingesperrt und gefangen sind. Vom Balkon aus kann man den Wildonerberg erkennen, daneben blinkt das Positionslicht des über 100 Meter hohen Kamins des alten, in der Zwischenzeit stillgelegten kalorischen Kraftwerks in Mellach.
Das Grundstück meiner Eltern ist riesengroß und liegt auf der Anhöhe eines Berges. Für ein Ehepaar Mitte der Siebziger eine Belastung, zumal der größte Teil so steil abfällt, dass mein Vater sich nach vielen Jahren der Heubewirtschaftung entschlossen hat, anfangs Schafe als lebende Rasenmäher einzusetzen und später Bäume zu pflanzen. Damit ist weniger Arbeit verbunden. Eine Wohnung in der Stadt wäre wohl, objektiv betrachtet, viel vernünftiger, aber mein Vater Jäger und extrem naturverbunden, hat sich mit diesem Haus seinen Lebenstraum verwirklicht. Somit sitzt man in einer 250 m² großen „Hütte" fest, aufgeteilt

auf mehrere Etagen. Keines der vier Kinder hat jemals ernsthaft überlegt, dort langfristig einzuziehen. Zu entlegen und abseits liegt das Anwesen.

Das automatische Tor öffnet sich, und Margit und ich gehen wie üblich durch die Garage, die zugleich Keller ist, ins Haus. Dabei müssen wir uns beeilen, denn mein Vater steht am Fenster und schließt die Tür bereits nach einigen Sekunden. Er will damit verhindern, dass zu viel kalte Luft ins Haus kommt. In der Garage steht ein neuer Mercedes-Geländewagen, den ich noch nie zuvor gesehen habe. Der Stolz jeden Jägers! Unwillkürlich fällt mir das Lied von „Aniada a Noar", einer Musikgruppe aus dem Bezirk Voitsberg mit Mundarttexten ein, worin es heißt:

„Mit ihrem Allradbrummer fohrn's auf'm Forstweg umadumma, schießen aussi gleich vom Wogn, Waidmannsheil konn man nur sogn."

Mein Vater war nie so ein Jäger, und ich weiß noch aus meiner Kindheit, dass er oft genug bei Schnee und schlechter Witterung in den Wald gegangen ist, um das Wild zu füttern.

Wir ziehen die Schuhe aus. Ein Verstoß gegen dieses ungeschriebene Gesetz würde strafende Blicke meiner Mutter nach sich ziehen, und man legt sich mit ihr besser nicht an. Ziemlich sicher hätte man sich auch einen Hörschaden eingehandelt, da bei Missachtung dieser Regel die verbale Aufforderung meiner Mutter entsprechend laut ausfallen würde, und meine Ohren sind mir heilig. Wir gehen die Stufen hinauf in den ersten Stock, in den eigentlichen Wohnbereich. Eine kühle Begrüßung folgt. In all den Jahren ist das Verhältnis immer sachlicher geworden, und die Herzlichkeit, falls es sie je gegeben hat, ist irgendwann einmal verloren gegangen.

Der Tisch ist bereits ausgezogen und gedeckt. Da wir eine Großfamilie sind und meine Mutter darauf besteht, die Feste des Jahres gemeinsam zu feiern, muss genügend Platz vorhanden sein.

Alles ist fein säuberlich vorbereitet, und obwohl Mutter immer klagt, wie beschwerlich das alles für sie ist, kann sie es nicht lassen. Monate zuvor beginnt sie, Kekse zu backen, um zum Fest groß auftischen zu können. Man sieht ihr an, dass das alles für sie schon sehr beschwerlich ist. Meist kann sie sich überhaupt nur noch mit einem Schmerzmittel hinüberretten, und trotzdem würde sie ein reduziertes Weihnachtsfest nie akzeptieren. Vielleicht will sie uns damit auch nur beweisen, dass sie es noch immer „draufhat".

Kurze Umarmung und ein Küsschen auf die Wange folgen. Margit ist seit Jahren relativ gut integriert, was einem Wunder gleicht. Die Schwiegerkinder werden gerade noch akzeptiert, und das ist schon mehr, als man von meiner Mutter erwarten darf.

Die Sippschaft ist beinahe komplett. Einzig und allein meine Schwester, die, nebenbei gesagt, den kürzesten Anreiseweg hat, ist mit ihrer Familie noch nicht da. Sie ist nie pünktlich. Wir setzen uns an den Tisch, nachdem wir vorher Befehle meiner Mutter ausgeführt haben: Getränke im Keller holen, Servietten hinlegen und für Margit ein Glas Leitungswasser besorgen.

Es ist unser Familienweihnachtsfest und wie schon erwähnt: Wir sind eine heile Familie, und diesen Schein wollen wir alle meinen Eltern zuliebe zumindest heute auch wahren. Margit hat mich bereits auf der Fahrt von Graz nach Voitsberg mehrmals aufgefordert, mich bei eventuell aufkommenden Diskussionen zurückzuhalten und die Klappe zu halten.

Sie hat gemeint: „Ich weiß, dass das schwierig ist, aber versuch doch, diese paar Stunden relativ schweigsam und ohne blöde Ansagen über die Runden zu bringen." Ich halte mich daran, zumal für die wirklich blöden Kommentare ohnedies mein ältester Bruder zuständig ist. Er ist vor einigen Jahren ins Obergeschoss des Hauses eingezogen. Nach dem Scheitern seiner zweiten Ehe hat er sich selbstständig gemacht, ist die halbe Zeit auf Achse,

und es ist für ihn einfach praktisch, ein Dach über dem Kopf zu haben. Ausreichend Grund für ihn, die Strapazen des Zusammenlebens auf sich zu nehmen.
Meine Schwester trifft mit dem gesamten Anhang ein, fast mit dem ganzen Anhang. Ihr Mann ist ausnahmsweise nicht dabei. Sein Vater ist in der Nacht zuvor verstorben. Verständlicherweise bleibt er zu Hause und hat keinen Kopf für eine Weihnachtsfeier. So sind wir nun komplett und sitzen brav verteilt um den Esstisch. Ein Verstehen des am weitesten Entfernten ist kaum möglich, aber große Runden bringen das generell mit sich, und ganz ehrlich, es tut hin und wieder auch gut, nicht alles zu verstehen. Mutter verfügt trotz ihrer 74 Jahre noch immer über ein starkes Organ, das es möglich macht, sie zu hören, selbst wenn sie sich gerade im Keller des Hauses aufhält. Der Tisch ist voll besetzt. Am Ende des Tisches thront meine Mutter, die so den kürzesten Weg in die offene Küche hat, abgesehen davon, ist es zweifelsohne der Platz der Vorsitzenden, und dieser steht eben nur ihr zu.
Meine Schwester ist von den nächtlichen Ereignissen gezeichnet. Ich muss meinen Plan ändern. Wie erwähnt, ist das Familienzusammengehörigkeitsgefühl alles andere als berauschend. Daher ist meine Vorgangsweise klar, straight und schonungslos geplant. Eigentlich habe ich vorgehabt, während des Essens die Bombe platzen zu lassen und so nebenbei zu erwähnen, dass ich transsexuell bin, und damit basta! Im familiären Kreis ist mir eine schonende Aufklärung nicht so wichtig, zumal es mir eigentlich ziemlich egal wäre, wenn irgendjemand damit ein Problem hätte, das habe ich zumindest damals gedacht. So innig ist unsere Beziehung zueinander nicht.
Doch jetzt ist etwas passiert, was ich nicht missachten kann. Meine Schwester hat ihren Schwiegervater verloren, und ich betrachte es als absolut unangebracht, meine Nachricht nun einfach hinzuknallen. Nicht, dass mich das Ableben sonderlich

berührt hätte, zumal ich den Mann kaum gekannt habe, doch trotzdem gebietet mir mein Anstand, es nicht auf die geplante Weise zu machen. Ich will nicht den Anschein erwecken, eine traurige Nachricht irgendwie durch mein Outing toppen zu wollen, auch wenn die Situationen überhaupt nicht miteinander vergleichbar sind. Trotzdem, das kann ich meiner Schwester ganz einfach nicht antun.
Eines bleibt aber unumstößlich: Ich muss es heute tun. Daher kommt ein Notfallplan zum Zug. Ich entschließe mich, das Outing in „Einzelsettings" zu erledigen. Jedes Mal, wenn jemand von der Tafel aufsteht, egal ob er sich einen Kaffee holt oder bloß von der Toilette zurückkommt, sage ich zur betroffenen Person, bevor sie sich wieder setzt: „Komm doch bitte mit mir mit ins Wohnzimmer, ich muss dir etwas mitteilen". Aufgrund des Wirbels durch die große Anzahl an Verwandten glaube ich, dass die meisten diese Vorgangsweise bis zuletzt nicht ganz durchschaut haben.

Die Reihenfolge ist ganz klar.
Als Erster ist mein Zwillingsbruder an der Reihe. Er kommt gerade aus dem Keller zurück, wo er sich eine Flasche Bier geholt hat, und ich bitte ihn, mit mir mitzukommen.
Er ist schwierig, und bereits während unserer gemeinsamen Schulzeit ist unser Verhältnis stetig schlechter geworden. Obwohl wir Zwillingsbrüder sind, sind wir uns fremd, und es kommt oft zu beiderseitigen Verletzungen, an denen wir zweifelsohne beide Schuld haben. Er ist immer schon ein aufgeschlossener, alternativer Mensch gewesen. Die Art, sein Leben zu leben, ist jedoch absolut konträr zu meinen Vorstellungen. Wenn ich für jede Aktion und Situation einen Plan habe, ist er Meister im Improvisieren. Sein Lebensmotto ist: Was geht, das geht! Mehr muss es nicht sein. Seine Ziele sind für mich alles andere als erstrebenswert, wenngleich er ganz sicher der Freieste von uns

allen ist und sich am wenigsten irgendwelchen Zwängen unterwirft. Eigentlich schon auch ein wenig beneidenswert.
In dieser Zeit arbeitet er als Werkstättenleiter in einer Einrichtung für psychisch kranke Personen. Nicht dass ich mich als psychisch krank empfinde, aber ich denke, er hat durch seine Arbeit ein gewisses Maß an Feinfühligkeit und Toleranz für „anders lebende Personen" gelernt.
Wir gehen ins Wohnzimmer. Ich weiß nicht mehr, ob wir uns überhaupt gesetzt haben, jedenfalls teile ich ihm einfach mit: „Ich bin transsexuell, und heute ist der letzte Tag, an dem ihr mich in meiner alten, männlichen Form zu Gesicht bekommt."
Kurzes Staunen.
„Aus gesetzlichen Gründen muss ich einen Alltagstest durchlaufen, das heißt, dass ich ab sofort im Zielgeschlecht auftreten muss, und wenn ich schon die Möglichkeit habe, die gesamte Verwandtschaft an einem Tisch zu haben, dann kann ich allen gleich von meinem Vorhaben berichten, und niemand ist auf irgendwelche Gerüchte angewiesen, von denen wir alle wissen, was herauskommt. Außerdem hat so jeder gleich vor Ort die Chance nachzufragen, wenn etwas für ihn unklar ist."
Ich bitte ihn, am Tisch noch nicht darüber zu sprechen, da ich zuerst die restlichen Personen aufklären will. Er hält sich daran.

Meine Schwester ist Religionslehrerin, katholische Religionslehrerin, und für mich ein wesentlich schwereres Kaliber. Erschwerend kommt hinzu, dass einer meiner Neffen, damals 22 Jahre alt und in unmittelbarer Nähe zu mir sitzend, die Eigenschaften des Revoluzzers von seinem Vater, meinem Zwillingsbruder, übernommen hat, was heißt: Entgegen der Gepflogenheit, sich zu Weihnachten festlich zu kleiden, hat er nichts Besseres zu tun, als ein T-Shirt mit einem gekreuzigten Jesus, der mit dem Kopf nach unten hängt, inklusive darüberliegendem Graffito anzuziehen. Der Schock seitens meiner Schwester ist ihm garantiert. Eine Zeitlang höre ich mir ihre entsetzten Reaktionen an. Sogar von Gotteslästerung ist die Rede. Es gleicht beinahe einem verzweifelten Versuch, in einer Art Satansaustreibung Unheil von uns abzuwenden. Inquisition und Scheiterhaufen fallen mir dazu ein. Ich amüsiere mich schweigend und male mir aus, was sie erst zu meinem „Geständnis" sagen wird.

Meine Schwester und ich gehen ins Wohnzimmer. Da sitzen wir nun und ganz ehrlich, es ist schwierig, ihr mein Outing so einfach hinzuwerfen, doch habe ich eine Wahl?

Einige Stunden sind bereits vergangen, und ich bin mit dem Zwischenstand, den bisherigen Reaktionen, zufrieden. Zwei Brocken stehen mir aber noch bevor, zumal ich meinen Vater für diesen Abend ausgeschlossen habe. Das traue ich mir heute wirklich nicht zu. Ich spreche mit meiner Mutter, anschließend mit meinem älteren Bruder.

Die Reaktionen insgesamt können unterschiedlicher nicht sein; sie reichen von Verständnis über Erschrecken bis zur Gleichgültigkeit, von dem Angebot, sich bei einem der nächsten Fernosturlaube über medizinische Möglichkeiten zu erkundigen, da gerade in den Ländern um Thailand Geschlechtsanpassungen beinahe an der Tagesordnung stehen, bis zur Feststellung, dass Weihnachten nicht der geeignete Zeitpunkt für mein Outing sei. Zwei Familienmitglieder meinen: „Das habe ich eh schon immer gewusst!" Sie haben tatsächlich dieselbe Formulierung gewählt; sie haben meine Lage gespürt und mir das niemals gezeigt. Ich bin nicht nur froh, dass bei diesen Verwandten das Outing so reibungslos über die Bühne gegangen ist, sondern zugleich auch wütend, dass mir durch ihr Verhalten die Chance genommen worden ist, mein wirkliches Leben schon viel früher leben zu können. Hätten sie sich nicht denken können, denken müssen, dass ich geglaubt habe, jedes Offenlegen meiner Gefühle hätte eine Hexenverbrennung und den Verstoß aus dem Verbund der Familie bedeutet?

Mit dem Outing bin ich fertig und mit dem Verlauf im Großen und Ganzen zufrieden.
Bevor wir gehen, gibt meine Mutter noch bekannt, dass sie sich einer Operation am Bein unterziehen müsse und danach ins Voitsberger Krankenhaus zur Reha kommen werde. Ich sage ihr, dass ich sie dort gerne besuchen würde. Beim Gehen, meine Mutter und ich verabschieden uns in trauter Zweisamkeit, mache ich sie nochmals darauf aufmerksam, daran zu denken, dass es mich beim Besuch im Krankenhaus nur noch in weiblicher Form geben wird. Zusätzlich bitte ich sie, Papa in meine Sache einzuweihen. Schon zwei Tage später kommt ihre Rückmeldung. Er weiß es jetzt.
Ich habe um diese Information gebeten, weil ich es einfach für zukünftige Treffen wissen muss. „Und? Was meint er?" „Na ja, noch immer besser, als der ‚Bua' wär schwul". Lustige Aussage! Immerhin sind Margit und ich jetzt von heute auf morgen homosexuell geworden, aber wo ist da der Unterschied?
Die Monate vergehen, und meine Mutter kommt zur Reha ins Krankenhaus. Wie besprochen, ruft sie mich an, und wir vereinbaren einen passenden Termin. Ich beende das Gespräch mit den Worten: „Und nicht vergessen, ich tauche natürlich in weiblicher Form auf".
„Ja, ja, weiß ich doch."
Margit und ich treten den Weg ins Krankenhaus an. Meine Mutter hat keinen Kassenzusatzvertrag und liegt in einem Standardzimmer. Mit ihr sind noch drei weitere Frauen im Raum. Es ist gerade Besuchszeit, und in den Gängen des Krankenhauses tummeln sich viele Menschen. Gedanken laufen durch meinen Kopf. Es würde heute sein, dass meine Mutter mich das erste Mal in weiblicher Kleidung sieht. Wie würde sie es aufnehmen? Was sagen?
Klar, ich habe sie alle im Vorfeld informiert und mehrmals „vorgewarnt", aber mir ist auch bewusst, dass das jetzt eine ganz

andere Situation ist. Wenn man sich zu Hause im Privaten trifft, kein Außenstehender da ist, der dumm schaut oder auch nur wegschaut, ist das einfach etwas ganz anderes, als wenn man sich in der Öffentlichkeit eines Krankenhauses für alle sichtbar trifft.
Plötzlich kreisen da Augen, und Ohren stellen sich auf. Man will ja nichts verpassen. Es kann zum Spießrutenlauf werden, was es bis heute des Öfteren auch noch immer ist.
Das Zimmer meiner Mutter liegt in der oberen Etage des Krankenhauses. Margit und ich gehen diesen einen Stock zu Fuß. Entgegenkommende sind teils peinlich berührt und stolpern beinahe über ihre eigenen Beine, weil sie die nächsten Stufen vor lauter Glotzen übersehen.
Zimmer 134. Wir sind da. Ich klopfe und öffne die Tür. Vier Betten sind im Raum, und alle sind auch belegt. Da gerade Besuchszeit ist, sitzen bei allen Patienten mindestens ein, manchmal auch zwei Personen. Meine Mutter liegt, von der Eingangstür gesehen, rechts hinten im letzten Winkel des Raumes. Mein Vater ist gerade bei ihr. Beide haben mich noch nie in weiblichem Outfit gesehen. Einem kurzen „Grüß-Gott“ folgen erstaunte Blicke und ein Tuscheln der Anwesenden. Danach macht sich eine kurze Stille breit, beinahe peinlich! Ein dickes Fell muss ich mir ohnedies zulegen, und das hier ist so etwas wie ein Trainingslauf.
Es dauert nicht lange, bis ich erkenne, dass es für uns nie mehr eine Normalität geben wird.

Mein Vater ist meiner Mutter zugewandt und sitzt somit mit dem Rücken zur Tür. Als er meine Stimme hört und erkennt, dreht er sich um, steht auf, kommt auf mich zu, umarmt mich und meint: „Fesch schaust aus“.
Diese Worte meines Vaters, von dem ich mich nicht erinnern kann, dass er mich als Kind jemals in den Arm genommen hat, sind eine Wohltat. Niemals hat er mir auch nur annähernd et-

was Schöneres gesagt. Ich muss mich ziemlich zusammenreißen, um nicht in Tränen auszubrechen.
Heute ist er beinahe 77 Jahre alt, und er ist der Einzige, der mich nach meinem Outing noch nie falsch angesprochen hat, ganz egal, ob bei einem persönlichen Besuch oder wenn wir miteinander telefonieren.
Ist es sein Wunsch, eine zweite Tochter zu haben?
Ist es ein inneres Gefühl, das ihm sagt: Es ist gut, wie es ist, weil es gut ist? Oder ist es die Verbundenheit, die Liebe zwischen Vater und Kind, die über alle Schranken geht? Ich frage nicht danach, weil es keine Relevanz hat. Eines wünsche ich mir jedoch zutiefst: Dass die Menschen in meinem Umfeld auch nur annähernd diese Weitsicht und Größe haben und erfahren lassen, die mein Vater bei meinem Outing an den Tag gelegt hat.
Die Wochen laufen wie Sand durch meine Finger. Mit meiner Psychotherapie bin ich planmäßig unterwegs, und so kann ich mir ausrechnen, dass ich mit der Hormontherapie irgendwann im April, Mai 2012 beginnen könnte. Es wird Zeit, den Alltagstest auch im Berufsleben umzusetzen, und somit ist auch der Zeitpunkt des Outings in „meiner" Firma gekommen.
Ich entschließe mich, im Vorfeld einige wenige Kollegen vorab zu informieren. Ich muss einfach ihre Einschätzung der Situation kennen, um einen Teil meiner Angst zu verlieren. Birgit zählt seit den Anfängen meiner Tätigkeit sehr schnell zu meinen vertrautesten Freundinnen, und wir haben uns von Beginn an gut verstanden. Oftmals ist sie gerade diejenige, bei der ich in den Mittagspausen meinen ganzen Schrott abladen kann. Ich vertraue ihr voll und ganz. Ich wähle ihre Nummer, und wir treffen uns im Pausenraum. Heute, über zwei Jahre später, fasst sie das Erlebte nochmals zusammen:

Liebe Christina,
Ich kann mich noch sehr gut an den Anruf von Helmut mit dem „verschlüsselten" Outing und an den unmittelbar darauf folgenden gemeinsamen Kaffee im Pausenraum erinnern. Ich hab besonders gut in Erinnerung, welch große Bewunderung ich damals für dich empfunden habe. Du schienst dir deiner Sache so sicher zu sein! Und das bei einem so großen Schritt! Daran hat sich bis heute nichts geändert, ich bewundere und offen gestanden beneide ich dich fast ein wenig für deine Selbstsicherheit und dein entschlossenes Vorgehen.
Das gilt bei Weitem nicht nur für deinen Weg zur Frau, sondern so ziemlich für alle deine Entscheidungen und „Projekte".
Du weißt, was du willst, du suchst und findest einen Weg dorthin, und du gehst ihn einfach.
Mir ist bewusst, dass es für dich nicht immer so einfach war und ist, wie es oftmals den Anschein hat. Dennoch bist du mir, die ich an einer Weggabelung meist zu grübeln beginne und mir tausend schlimme Szenarien ausmale, um dann vor lauter Angst gar keinen Schritt zu machen, ein großes Vorbild, und ich glaube, dass ich durch dich schon ein bisschen mutiger geworden bin. Vor allem dafür, aber natürlich auch für deine Freundschaft und die vielen amüsanten, interessanten, aufschlussreichen und tiefgründigen Gespräche, denen hoffentlich noch zahlreiche folgen werden, möchte ich dir danken.

Alles Liebe, Birgit

All das, was Birgit hier zusammenfassend schreibt, das Wissen, wie sie mich trägt und mit welcher Feinfühligkeit sie mich stützt, gibt mir letztendlich den nötigen Mut für meinen nächsten Schritt.

Am 13. Februar 2012 ist es endgültig so weit.
Ich muss es meiner Chefin mitteilen. Aber wie? Barbara, die Chefsekretärin, habe ich gebeten, mich zu informieren, sobald meine Chefin da ist. Es dauert eine Weile, da sie an diesem Tage schon einige Termine fixiert hat. Nach einiger Zeit ruft mich Barbara an: „Die Frau Magister ist jetzt im Büro." Barbara hat Stress und legt daher gleich wieder auf. Nur einige Sekunden später, bevor mich der Mut verlässt, greife ich zum Hörer und wähle die Nummer meiner Chefin. Sie meldet sich mit einem netten „Guten Morgen" und der Frage, was ich denn brauchen würde. „Ich möchte einen Termin bei Ihnen, um etwas Wichtiges mit Ihnen besprechen zu können." „Sie brauchen keinen Termin, kommen Sie doch gleich zu mir." Ich widerspreche und bitte um einen Termin, womöglich einen ohne andere Beteiligte, keinen Telefonaten dazwischen und betone nochmals, dass es sich um eine für mich äußerst wichtige private Angelegenheit handelt. Barbara ruft sie wegen eines Termins an.
Mir wird der 17.02.2012 um 09:00 Uhr genannt, ein Freitag. Das ist mir ganz recht, da ich jetzt noch ein paar Tage habe, um mich vorzubereiten. Ich atme tief durch.
Die Woche zieht sich, und längst wünsche ich mir, ich wäre auf das Angebot meiner Chefin eingegangen, gleich zu ihr zu kommen. Aber jetzt ist erst einmal Warten angesagt.

Freitag, 17. 02. 2012

Wahrscheinlich der wichtigste Arbeitstag in meinem Leben beginnt. Ich hole mir meinen grauen Anzug aus dem Kasten und stutze meinen Bart auf die übliche Dreitagebart-Länge zurück. Seriös, „Business-like" eben.
Zuhause noch schnell eine Tasse Kaffee mit Margit und der Hinweis von ihr, dass ich sie sofort anrufen müsse, wenn alles

vorbei sei, auch wenn sie noch in der Ordination wäre. Diese Möglichkeit gibt es bei Margit nur in Notsituationen, und dies ist ganz eindeutig eine.
Ich verlasse die Wohnung. Vor Nervosität und Aufregung kann ich kaum die Lenkstange meines Fahrrads gerade halten, und doch schaffe ich es irgendwie, unverletzt ins Büro zu kommen.
Ab ins Büro, in meine vier Wände und Tür zu!
Heute kann ich keinen Besuch bis 09:00 Uhr gebrauchen. Ich hole mir eine Buchungsarbeit. Damit habe ich eine gute Ausrede, aktuell leider keine Zeit zu haben, wenn irgendjemand fragen würde.
Der Zeiger springt auf neun Uhr. Noch hat Barbara nicht angerufen. Als ich ein paar Minuten später schon zum Hörer greifen will, um nachzufragen, läutet es, und ich lese auf meinem Display den Schriftzug „Sekretariat“.
Es geht los! Mein Herz pocht wild. Es ist für mich absolut unmöglich abzuschätzen, wie die Sache laufen wird. Alles ist möglich, und ich meine wirklich alles, auch der Verlust meines Arbeitsplatzes. Ich verlasse mein Büro, gehe in das fünfte Stockwerk und betrete umgehend das Büro meiner Chefin. Ihr Hund, ein Deutsch-Drahthaar, liegt in der Ecke und döst vor sich hin. Im Büro steht ein kleiner Besprechungstisch, gerade Platz für zwei Personen. Wie begrüßen uns und geben einander die Hand. Danach setzen wir uns. Nach über zwanzig Jahren im Einkauf sind für mich Besprechungssituationen so etwas wie Normalität, ganz egal, wer vor mir sitzt. Selbst mit schwierigsten Verhandlungsgesprächen kann ich gut umgehen. Diese Situation ist mir jedoch fremd. Klar habe ich mich auch auf dieses Gespräch vorbereitet, aber es scheint mir so, als habe ich kein einziges Ass im Ärmel. Ich schaue fragend durch das Büro, was ich sonst bei keiner meiner Besprechungen mache.
Ich spüre das Ansteigen der Nervosität bei meiner Chefin, und daher ist es Zeit, mein Outing jetzt anzubringen. Noch einmal

stocke ich, und sie meint, ich solle nicht um den heißen Brei herumreden. Wenn ich kündigen will, soll ich das gleich sagen.
„Keine Spur, den Teufel werde ich tun, genau das Gegenteil ist der Fall." „Wie, das Gegenteil?"
„Ich möchte eigentlich noch ganz, ganz lange in Ihrem Unternehmen tätig sein." „Und wo ist dann das Problem?"
Sie kann es nicht wissen, aber mit dieser Frage hat sie mir den notwendigen Anstoß gegeben.
„Ich bin transsexuell und werde bald mit einer gegengeschlechtlichen Hormontherapie beginnen. Dann kann ich es ohnedies nicht mehr verheimlichen. Außerdem muss ich dem Gesetz nach im Zielgeschlecht auftreten, und ich nehme an, dass es doch ein wenig auffallen könnte, wenn ich plötzlich mit einem Rock in die Firma komme."
Im Büro ist es still geworden.
Ich höre das Klappern der Tastatur des PCs im Sekretariat. Meine Chefin aber schweigt, und mir schießen schon die wildesten Gedanken durch den Kopf. Jetzt ist es für einen Rückzieher definitiv zu spät. Rien ne va plus! Nichts geht mehr! Die Karten liegen auf dem Tisch.
Das Weiterspringen des Sekundenzeigers meiner Uhr ist wie das Ticken einer Bombe, die nicht mehr aufzuhalten ist, und trotzdem kommt es mir vor, als würde die Zeit stillstehen. Ich warte und weiß nicht, wohin ich schauen soll.
Meine Chefin steht auf und dreht sich zu ihrem Schreibtisch. Ein kurzer Blick aus dem Fenster. Es ist kalt und nebelig. Dann kommt sie zurück zu mir, schaut mich an und meint: „Also, ich hab damit kein Problem!"
Ganze Steinbrüche von Steinen fallen mir von meiner Brust. Sie setzt sich wieder an den kleinen runden Besprechungstisch, und wir beratschlagen, wie wir die Sache vernünftig angehen könnten.
„Wissen Sie, Herr Strasser", wobei sie sich sofort auf Frau Stras-

Christina am Tag nach dem Outing in der Firma

ser korrigiert, „eigentlich wollte ich für die Stelle der Einkaufsleitung immer einen Mann haben, und jetzt erklären Sie mir, dass Sie eine Frau sind. Aber wie schon gesagt, ich habe kein Problem damit, und ich werde auch dafür sorgen, dass kein anderer ein Problem damit hat.“ „Wie sollen wir es angehen?“ „Was halten Sie davon, wenn ich bei der nächsten Teamleitersitzung diese Information an die Kollegen weitergebe, ihnen die Vorgangsweise erkläre, und diese das dann in ihre jeweiligen Abteilungen weitertragen?“ Natürlich bin ich einverstanden. Ich wäre wahrscheinlich mit allem einverstanden, diese Vorgangsweise klingt äußerst vernünftig, und die Umsetzung passt auch zeitlich. Auch wenn oft angesetzte Besprechungen ausfallen, innerhalb der nächsten 14 Tage ist es ganz sicher so weit.
Meine Chefin bitte mich noch, einen Brief für die Belegschaft und unsere Lieferanten vorzubereiten, was ich selbstverständlich gleich umsetze. Bevor wir uns trennen, meint sie: „Und übrigens, ich möchte Sie bei der nächsten Teamleitersitzung nicht dabei haben. Wir sind hier doch nicht im Zoo, und ich möchte verhindern, dass Sie bei Bekanntgabe dieser Information wie ein Affe im Käfig angestarrt werden. Das will ich Ihnen ersparen.“
Voller Freunde und mit der Auflage bis auf Weiteres noch nichts darüber in der Firma zu erzählen, lasse ich den Freitag auslaufen und gehe nach Hause. Margit ist noch immer nervös, aber vor allem gespannt auf meinen Bericht. Jetzt sind wir endlich gemeinsam zu Hause, und ich habe einen wesentlichen Schritt in meinem Prozess geschafft.

Wenn man bedenkt, dass über 90 Prozent der Transsexuellen nach dem Outing ihren Job verlieren, dann kann ich zu Recht beeindruckt von der Klarheit und Eindeutigkeit der Aussage meiner Chefin sein. Und das bin ich auch. Ich erzähle Margit von der weiteren Vorgangsweise und meine: „Na, dann hoffe ich, dass die nächste Teamleitersitzung bald stattfindet." In diesem Moment ist mir nicht klar, wie schnell das passieren soll.

Es ist Montag.
Ich sitze im Büro und studiere meine Mails. Bald ist es acht Uhr, ich gehe ins Sekretariat, um nach meiner Post zu schauen. Frau Fischer öffnet mit Schwung die Tür, schickt ihren Hund auf seinen Platz, legt ihren Mantel und ihre Handtasche ab, dreht sich um, bestellt ein Leistungselixier und bittet die Chefsekretärin, eine Teamleitersitzung einzuberufen. Start in 15 Minuten.
Barbara hat Stress. Aus meiner Sicht hat sie einen der stressigsten Jobs in der ganzen Firma, und ich würde meinen nie gegen den ihren tauschen. Nicht um alles in der Welt. Ich gehe zurück in mein Büro und überlege, ob sie es wirklich schon heute verkünden würde, aber wozu sonst die Sitzung? Auf diese Aufregung habe ich mich für heute nicht vorbereitet und eingestellt.
Es geht wie immer ziemlich rund im Sekretariat. Die Teamleiter sind verständigt.
Ich versuche mich durch das Lesen meiner E-Mails abzulenken, was nicht wirklich funktioniert. Na, was soll's. „Mach dir keine Gedanken, wer weiß, ob du in der Teamleitersitzung überhaupt ein Thema bist", versuche ich mir einzureden.
In der Zwischenzeit ist es 09:30 Uhr geworden.
Meine Bürotür ist selten ganz geschlossen, außer ich habe Besuch, sonst ist sie meist nur angelehnt. Als die Tür vom Stiegenhaus aufgeht, ist mir alles klar. Noch klarer, als sich die Tür in mein Büro öffnet:
Da stehen sie nun, unsere vier Teamleiter, und es schießt mir durch den Kopf: Jetzt wissen sie es. Ich bin ziemlich nervös, ziemlich ist gut. Das gilt auch für meine Kollegen. Ich denke, auch für sie ist es ganz sicher eine Situation, die sie wie ich noch nie in ihrem Leben durchgemacht haben. Es dauert nicht lange, und ich habe mich wieder unter Kontrolle. Wir verein-

baren einen Ablauf. Jeder Teamleiter soll die Information in seiner Abteilungen an seine Mitarbeiter weitergeben. Falls ich es wünsche, könnte ich bei jeder Besprechung dabei sein, falls nicht, erfolgt die Information eben ohne mich. Wie auch meine Chefin bittet mich mein direkter Vorgesetzter, einen Brief an unsere Geschäftspartner aufzusetzen, der dann unterschrieben versendet wird. Den Brief habe ich bereits am Freitag nach meinem Outing bei meiner Chefin fertig aufgesetzt. Jetzt muss ich ihn nur noch in Reinform bringen und ausdrucken.
Bereits eine Woche nach meinem Outing in der Firma geht der folgende Brief an meine Geschäftspartner. Ich bin gespannt, wie man ihn aufnehmen wird.

APOMEDICA
PHARMAZEUTISCHE PRODUKTE

27.02.2012/STE

EINKAUFSLEITUNG APOMEDICA

Sehr geehrte Damen und Herren,
liebe Geschäftspartner!

Wir möchten Sie heute darüber in Kenntnis setzen, dass sich unser Einkaufsleiter, Herr Helmut Strasser entschlossen hat, sein Geschlecht dem tatsächlich gefühlten anzupassen. Diese Umstellung ist auch heute noch außergewöhnlich, bedeutet aber einen äußerst wichtigen Schritt für seine Persönlichkeit.

Wir als Apomedica stehen dieser Veränderung sehr aufgeschlossen und offen gegenüber und haben Herrn Strasser unsere volle Unterstützung zugesagt.

Wir schätzen Herrn Strasser als kompetente Persönlichkeit und er hat in seinem bisherigen Tun die Interessen von Apomedica mit vollem Einsatz und Engagement vertreten. Seine persönliche Weiterentwicklung war und ist unmittelbar mit den Kontakten zu Ihnen, unseren Geschäftspartnern möglich. Wir ersuchen Sie daher, seine persönliche Entscheidung anzunehmen und ihn, in dieser schwierigen Phase durch Ihr Verständnis und Ihre Akzeptanz zu unterstützen.

Herr Helmut Strasser wird ab sofort in seinen eigentlichen Geschlecht mit dem Namen „Christina" auftreten und wir wünschen Ihr für diesen Weg alles Gute.

Wir sehen einer weiteren, guten Geschäftsbeziehung mit Zuversicht entgegen.

Mit freundlichen Grüßen

APOMEDICA
Pharmazeutische Produkte GmbH
Roseggerkai 3, 8010 Graz, Austria
FN 50611 d. LG f. ZRS Graz

VIER MARKENZEICHEN FÜR QUALITÄT: Dr. Böhm® ApozemA LUUF Lasepton

Apomedica
Pharmazeutische Produkte Ges.m.b.H.
Roseggerkai 3, Postfach 146
8011 Graz

FN 50611 d. LG f. ZRS Graz
UID: ATU 48177306
DVR: 0475670
ARA Lizenznummer: 2666

Tel +43 (0) 316 82 35 33
Fax +43 (0) 316 82 35 33-52
E-Mail: office@apomedica.com
www.apomedica.com

Bank: Krentschker & Co AG, Graz
BLZ 19520, Konto-Nr.: 00000600882
Swift: KRECAT2G
IBAN: AT35 1952 0000 0060 0882

Stellvertretend für alle Rückmeldungen, die ausschließlich positiv sind, möchte ich die folgende wiedergeben, weil sie von meinem größten und wichtigsten Lieferanten kommt.

Liebe Frau Strasser,
ich möchte Sie zu diesem mutigen Schritt und der offenen Kommunikation beglückwünschen. Ich wünsche Ihnen persönlich alles Gute für die neue Zukunft und hoffe, dass Ihnen auch alle Geschäftspartner mit derselben Offenheit begegnen, wie dies Ihr Arbeitgeber macht.

Mit besten Grüßen aus Kärnten
Klaus Raunegger
28.02.2012

Ich sitze vor meinem PC und lese die Nachricht. Ich bin glücklich und bewegt zugleich. In den nächsten Wochen sollte ich noch weitere derartige Rückmeldungen erhalten. Keine davon ist selbstverständlich, keine weniger oder mehr wert, aber alle tragen ihren Teil dazu bei, mich zu der starken Frau werden zu lassen, die ich heute bin.
Ich bin beinahe fassungslos, wie viel Glück ich habe. So oft habe ich in der Selbsthilfegruppe erfahren, wie Transsexuelle ihre Partner, ihre Jobs, ihre Freunde, ja beinahe alles, was sie sich in ihrem Leben aufgebaut haben, verlieren. Und ich? Ich habe eine Frau, die zu mir steht, unumstößlich, wie der Fels in der Brandung.
Ich habe eine Chefin, die mit einer unglaublichen Selbstverständlichkeit ihre schützende Hand über mich hält. Ich bin anscheinend die berühmte Ausnahme von der Regel und zugleich ein Zeichen für alle Betroffenen, dass es funktionieren kann.

Es kann funktionieren!

All diese Erlebnisse erzeugen in mir den Glauben, dass mir nichts Schlimmeres widerfahren könnte. Ich komme mir wie Achilles vor, unbezwingbar und stark. Was soll mir schon passieren? Im Laufe der Zeit muss ich jedoch feststellen, dass auch ich eine verletzbare „Ferse“ habe.

Endlich ist es so weit, und ich kann mein Leben als Frau beginnen. Dazu gilt es aber, noch eine wesentliche Hürde zu nehmen. Ich muss aus meiner Wohnung herauskommen – und das in Frauenkleidung. Wie soll ich das anstellen, ohne dass mich unsere Nachbarn beobachten? Unsere Wohnung liegt immerhin im letzten Stock. Ich habe später nie Probleme gehabt, mich in der Öffentlichkeit als Frau zu präsentieren, dazu bin ich einfach viel zu stolz darauf, endlich auch äußerlich eine zu sein. Jedoch in der Anfangsphase einem Nachbarn in Frauenkleidung über den Weg zu laufen, der noch nichts davon weiß, ist schon eine andere, besondere Angelegenheit.
Als großer Vorteil entpuppt sich mein frühes „Aus-dem Haus-Gehen“. Während meine Nachbarn noch schlafen, verlasse ich unsere Wohnung. Obwohl ich bisher noch nie jemanden getroffen habe, öffne ich anfangs vorsichtig unsere Wohnungstür, höre kurz hinaus, ob sich etwas rührt, und gehe, wenn alles O.K. ist, recht zügig zu meinem Fahrrad. Bin ich erst einmal aus unserem Vorhof draußen, ist mir alles egal. Was ich jedoch nicht bedenke, ist, dass ich spätestens am Nachmittag irgendjemandem ganz sicher begegnen würde. So ist es auch.
In all der Zeit gewöhne ich mich daran, dass mich Leute anstarren, verwundert angaffen oder sich x-mal umdrehen. Ich komme also nach Hause, stelle mein Fahrrad ab und gehe die Stufen hinauf zu unserer Wohnung. Kaum bin ich im 1. Stock, höre ich Geräusche, die eindeutig aus dem Stock über mir

kommen. Ganz kurz überlege ich umzudrehen, doch dann ist klar:
Irgendwann muss ich da durch, also weiter und Augen zu. Ein paar Stufen später ist es dann so weit. Meine Nachbarn aus dem 2. Stock laufen mir über den Weg. Ich grüße sie und nehme die nächsten Stufen in Angriff. Ich wage es nicht, mich umzudrehen, wobei meine Neugier groß ist, ihre Gesichter zu sehen. Rauf in die Wohnung und Tür zu! Der erste Tag ist geschafft. „Eigentlich nicht einmal so schlecht gelaufen", denke ich mir. Nach und nach kommt die Routine.
War ich früher noch besorgt, ich könnte im Stiegenhaus einem unserer Nachbarn über den Weg laufen, so ist es jetzt beinahe umgekehrt. Endlich ist es so weit. Ich bin dort angekommen, wo ich eigentlich schon immer sein hätte sollen, sein hätte müssen. Ich fühle mich rundum glücklich und das zu Recht.
Ich habe meinen persönlichen Gipfel erreicht, und hinter allem steht nach wie vor Margit. Wenn wir zu Bett gehen, überlege ich oft, womit ich das alles verdient, warum gerade ich all dieses Glück habe. Ich bin dankbar. Dankbar meiner Frau, meinen Nachbarn, all den Menschen, die mir all das ermöglicht haben. Öfter als nur ein paar Mal sage ich zu Margit, dass ich mit ihr den größten Treffer in meinem Leben gemacht habe. Es gibt keinen Moment, in dem sie nicht an meiner Seite steht. Ich kann mich an sie anlehnen und mich bei ihr ausweinen. Aber was hat sie davon?
Von heute auf morgen verliert sie ihren „Mann", muss ihn gegen eine Frau „tauschen", muss sich die Blicke der Umwelt gefallen lassen. All die Finger, die auf uns zeigen, und das Gespött. Was also hat sie davon? Man kann es wohl nur mit echter und grenzenloser Liebe erklären.

Leider ist der Alltag nicht immer nur schön.

Frühling 2014

Es ist ein stinknormaler Arbeitstag. Das Wetter ist in den letzten Tagen endlich besser geworden, und ich fahre wie üblich mit dem Fahrrad nach Hause. Es sind ungefähr fünf Kilometer von Haustür zu Haustür. Das Radfahren mit meinen Businesskostümen ist längst Gewohnheit und kein Problem mehr für mich. Hin und wieder muss ich meinen Rock ein Stückchen nach unten ziehen, da er beim Treten langsam, aber stetig nach oben rutscht. Beim Halten und Absteigen gebe ich ein klein wenig mehr Acht darauf, dass ich nicht das Gleichgewicht verliere.
Aber alles zusammen, kein Auftrag! Übung ist eben einfach alles.

Von der Firma fahre ich flussabwärts die Mur entlang, bis ich diese nach einem Park quere. Der Radfahrweg führt mich zwischen Bahndamm und der Rückseite eines Möbelhauses hindurch. Ich komme an eine Stelle, wo ich den Mühlgang, ein schmales, kleines Gerinne, überqueren muss. Der dafür erbaute Steg ist nicht besonders breit, aber zwei Fahrräder kommen ganz locker aneinander vorbei. Er ist alles in allem nicht viel länger als fünf Meter, beginnt aber an einer unübersichtlichen Stelle, da man zuvor den Bahndamm „unterqueren“ muss. Es ist eine „S-Kurven-Kombination“, die mir schon mehrmals Probleme mit entgegenkommenden, rücksichtslosen Radfahrern eingebracht hat. Da der in der Kurve montierte Verkehrsspiegel schon vor längerer Zeit einem Vandalenakt zum Opfer gefallen ist, kann man nicht feststellen, ob ein Radfahrer entgegenkommt oder was sich auf dem Steg abspielt. Ich fahre um die Kurve. Auf dem Steg sind drei junge Männer, alle unter 20. Ich klingle und will an ihnen vor-

beifahren, doch anstatt den Weg frei zu machen, verstellen sie mir die Weiterfahrt, und ich muss abbremsen und halten. Ich spüre ihre Blicke auf meinem Körper, spüre, wie sie sich fragen: Mann oder Frau?
Ich schweige. Jeder Versuch, an ihnen vorbeizukommen, wird blockiert. Sie nähern sich. Es ist mitten am Nachmittag. „Das kann doch nicht wahr sein, dass heute kein einziger anderer Radfahrer unterwegs ist", denke ich mir.
„Wo sind die heute denn alle?" Innerlich flehe ich um Hilfe, doch ich werde nicht erhört! Die Burschen grinsen sich an und kommen noch ein Stückchen näher. Meine Angst ist mir sichtlich ins Gesicht geschrieben. Sie haben einen riesigen Spaß mit der Situation und kosten sie voll und ganz aus. Dann wird es mir zu brenzlig. Mit einem lauten: „Geht doch auf die Seite, ihr Ärsche", steige ich in die Pedale, schummle mich irgendwie an ihnen vorbei und fahre keine 15 Meter bis hinunter zur Stelle, wo der Radweg die Straße kreuzt. Der Verkehr um diese Uhrzeit ist wie immer stark, so stark, dass ich im Normalfall eine Überquerung nicht im Entferntesten in Erwägung ziehen würde. Zusätzlich nähert sich von links auch noch eine Straßenbahn. Da stehe ich nun und warte auf eine Möglichkeit loszufahren und höre die Männer, wie sie sich zurufen: „Eh, das ist ja wirklich ein Mann, den holen wir uns." Ich habe null Zeit zu überlegen. Ich habe bloß Angst! Ich fahre einfach los und irgendwie, unter lautem Hupen der Vorrang habenden Autolenker, die mir den Vogel zeigen, schaffe ich es unverletzt auf die andere Seite. Obwohl für die Männer uneinholbar, fahre ich mit unverminderter Geschwindigkeit weiter.
Ich will nur weg. Weg, so schnell es mir möglich ist. Verschwitzt, mehr als sonst, komme ich zu Hause an.

September 2012

Die Bürokratie ist eine feine Sache. Um eine einzige Angelegenheit erledigen zu können, sind viele Wege notwendig, dies vor allem, wenn es sich um nichts Geringeres als eine neue Geburtsurkunde handelt. Für Personenstandsangelegenheiten hat der Staat Standesämter erschaffen. Sie verfolgen uns ein ganzes Leben lang. Was immer man auch macht, wie immer man sich auch verändert, dein Standesamt ist dir auf den Fersen. Schon am Tag der Geburt wird man registriert, nummeriert und katalogisiert. Man erhält ein Brandmal in Form einer Versicherungsnummer. Sie wird dich nun dein Leben lang begleiten. Wie Kühe und Schweine werden wir Menschen also auch nummeriert und registriert. Ich bin schon immer jemand gewesen, der einer Implantierung eines Chips nach der Geburt etwas Positives abgewinnen konnte. Noch heute.
Eines erkenne ich relativ rasch: Standesamtsangelegenheiten sind immer dort zu erledigen, wo sie entstanden sind.
Kleiner Satz, große Auswirkung. Somit muss ich Änderungen, die meine Geburt betreffen, auch auf meinem Geburtsstandesamt durchführen. Ich schnappe mir meine Unterlagen und Befunde und begebe mich auf den Weg. Ich bin froh, dass ich nicht in Vorarlberg auf die Welt gebracht wurde.
Der Standesamtsvorsteher ist ein ehemaliger Nachbar, und wir kennen uns aus der Kindheit und Schule ziemlich gut. Das macht mein Anliegen gleich noch um eine Spur spannender und interessanter. Ich betrete das Standesamt. Für Reinhold ist es das erste Mal, dass er mich als Frau sieht. Da stehe ich nun, sein ehemaliger Schulkollege, oder soll ich besser sagen, seine ehemalige Schulkollegin. Ich übergebe ihm die Befunde und erkläre ihm die Situation. Für ihn ist das kein großes Thema. Es dauert keine 30 Minuten, und der Antrag ist fertig. Ich lese ihn durch, unterschreibe ihn, dann wird er zur Prüfung und Unterschrift in die dafür bestimmte Mappe gelegt.

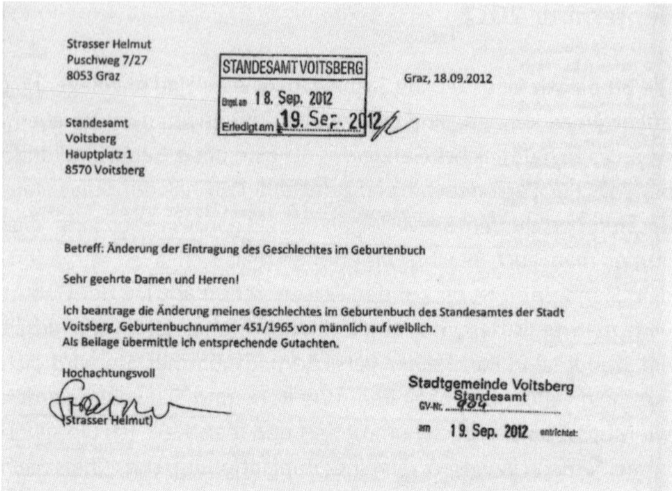
Strasser Helmut
Puschweg 7/27
8053 Graz

STANDESAMT VOITSBERG
Eingel. am 18. Sep. 2012
Erledigt am 19. Sep. 2012

Graz, 18.09.2012

Standesamt
Voitsberg
Hauptplatz 1
8570 Voitsberg

Betreff: Änderung der Eintragung des Geschlechtes im Geburtenbuch

Sehr geehrte Damen und Herren!

Ich beantrage die Änderung meines Geschlechtes im Geburtenbuch des Standesamtes der Stadt Voitsberg, Geburtenbuchnummer 451/1965 von männlich auf weiblich.
Als Beilage übermittle ich entsprechende Gutachten.

Hochachtungsvoll

(Strasser Helmut)

Stadtgemeinde Voitsberg
Standesamt
GV-Nr. 424
am 19. Sep. 2012 entrichtet:

Eine sofortige Prüfung und Mitnahme des Antrags ist leider nicht mehr möglich, da es schon spät am Nachmittag ist. Ich habe mich in der Zwischenzeit mit der Situation abgefunden, immer wieder warten zu müssen, und fahre zurück nach Graz. Reinhold verspricht mir, dass er mich anruft, sobald die Papiere fertig und abholbereit sind.

Nächster Tag, nächster Morgen, nächstes Glück.
Es ist noch nicht einmal 07:30 Uhr, als Reinhold sich bei mir meldet: „Deine Papiere sind jetzt fertig, und du könntest kommen." Wieder fahre ich nach Voitsberg. Wieder 30 Kilometer hin und 30 Kilometer retour. Was ich erhalte, ist jedoch nicht ganz das, was ich mir erhofft habe, und es überrascht mich sehr. Es ist ein Geburtenbuchauszug, nichts anderes als eine Kopie aus dem Geburtenbuch. Ich werfe einen Blick darauf und stelle fest, dass Reinhold mit der Hand folgenden Vermerk angeführt hat: „Änderung des Geschlechts in weiblich", Datum, Unterschrift. 19. 09. 2012 – wieder einmal ein Neunzehnter.

VOITSBERG, am 30. November 1970. — Auf Grund eigener Ermittlungen und der hier vorgelegten Geburtsurkunde des Vaters des nebenbezeichneten Kindes wird festgestellt, daß der Familienname nicht Straßer sondern richtig — „Strasser" — zu lauten hat. —

Der Standesbeamte

Änderung des Geschlechts in: 'weiblich' —

19. September 2012

([illegible], Standesbeamter)

Nr. 451 **B**

Voitsberg ----- , den 25.Oktober --- 19 65

Die Hausfrau Emma Aurelia Straßer, geborene Kögl

------------------------ , römisch katholisch ---

wohnhaft bei ihrem Ehemanne ------------------------

Ehefrau des kaufmännischen Angestellten Othmar Straßer

--------------------- , römisch katholisch ---------

wohnhaft Voitsberg, Conrad von Hötzendorfstraße 48 ---

----

hat am 22. Oktober 1965 ----------- um 03 - Uhr 30 - Minuten

zu Voitsberg, Conrad von Hötzendorfstraße 33 -------

ein en Knaben --- geboren. Das Kind hat die -- Vornamen erhalten:

------------- Helmut Klaus ---------------------

Eingetragen auf ~~mündliche~~ — schriftliche Anzeige der Krankenhaus - verwaltung Voitsberg vom 22. Oktober 1965 ----------

D-- ~~Anzeigende~~ ---------------------------------------

~~Vorgelesen, genehmigt und~~ -------- ~~unterschrieben.~~

Der Standesbeamte

2. Ehe: 18. Oktober 2007 Zeltweg 24/2007

1. Eheschließung der Eltern ~~bzw. Geburt der Mutter (bei unehelichen Kindern)~~ am 15.9.1965 in Voitsberg

(Standesamt Voitsberg Nr. 50/1965)

2. Eheschließung des Kindes am 24. Okt. 1987 in VOITSBERG

(Standesamt VOITSBERG Nr. 47/1987)

3. Tod des Kindes am .... in ....

(Standesamt .... Nr. ....)

Wegen dieses handschriftlichen Eintrags habe ich das Papier nicht schon gestern mitnehmen können? Ich schüttle den Kopf. Die Überraschung ist aber noch viel größer, als ich am Geburtenbuchauszug bemerke, dass nur das Geschlecht, aber nicht mein Name geändert worden ist.
„Tut mir leid! Am Geburtsstandesamt können und dürfen wir nur das Geschlecht ändern." Ich erhalte eine Kopie der Änderung und werde an das Wohnstandesamt verwiesen.

Nächster Tag. Die Damen im Standesamt des Magistrats in Graz sind äußerst nett. Ich lege ihnen den Bescheid, den ich aus Voitsberg mitgebracht habe, auf den Tisch, und schon beginnen sie ihre Arbeit. Ich gebe meinen neuen Namen bekannt, unterschreibe eine Einverständniserklärung, den alten nie mehr zu benutzen, muss ein letztes Mal mit meinem alten Namen und danach bereits mit meinem neuen unterschreiben. Wer denkt, dass es das jetzt war, täuscht sich gewaltig.
Ich bekomme einen Bescheid, der mir die Namensänderung bestätigt und darf wieder nach Voitsberg fahren. Da der Grund für meine Namensänderung meine Transsexualität und somit eine „Krankheit" ist, berappe ich nur den halben Preis einer sonst üblichen Gebühr für derartige Angelegenheiten. Ich vergleiche es mit einem Wunschkennzeichen beim Auto. Ist ausschließlich ein Wunsch der Grund für die Änderung, so ist auch ein höherer Betrag zu bezahlen. Am nächsten Tag zur Abholung der Papiere muss ich nicht mehr selbst kommen. Margit fährt für mich nach Voitsberg und übergibt Reinhold alle Papiere. Er zieht erneut das Geburtenbuch aus dem Kasten hinter sich hervor, ändert per Hand den Namen, schreibt noch das Datum dazu und beglaubigt alles mit seiner Unterschrift.
Jetzt wird es tatsächlich einfach!
Aufgrund aller Änderungen im Geburtenbuch erhalte ich eine neue Geburtsurkunde, die mir bescheinigt, am 22.10.1965 als

Christina in Voitsberg auf die Welt gekommen zu sein. Nachdem ich im Besitz einer „neuen" Geburtsurkunde bin, muss ich alle meine Dokumente ändern. Ich gehe aufs Magistrat, melde die Änderungswünsche, und alle meine Dokumente werden mit dem Vermerk ungültig gestempelt: Mein Lichtbildausweis, mein Führerschein, mein Reisepass, all diese Dokumente sind von einem Moment auf den anderen ungültig, noch dazu wird aufgrund der Änderungen im Geburtenbuch meine männliche Vergangenheit, die „Vorläuferversion", getilgt. In der „Neuauflage" bin ich noch nicht existent, in meiner „Altversion" gibt es mich rechtlich nicht mehr.

Alle Anträge sind gestellt.

Magistrat:	Meldezettel
	Reisepass
Bundespolizeidirektion:	Führerschein
Gebietskrankenkasse:	Krankenversicherung

Genau betrachtet, habe ich zu dieser Zeit kein einziges Dokument, mit dem ich mich korrekt ausweisen kann. Rein von den Dokumenten her existiere ich nicht, noch nicht.
Man teilt mir mit, dass die Übersendung der Unterlagen einige Tage dauern würde. Tatsächlich, es vergeht nicht einmal eine Woche. Ich komme nach Hause; bevor ich in unsere Wohnung gehe, öffne ich unser Postkästchen, und da liegt sie. Ich habe die Verständigung des Postamts erhalten, dass ich schon heute am späteren Nachmittag meine neuen Papiere abholen kann.
Ich habe noch ein paar Stunden Zeit, also gehe ich in unsere Wohnung und warte auf Margit.
Kurze Zeit später ist sie auch schon zu Hause. Für Späße, auch wenn sie hin und wieder gewöhnungsbedürftig sind, habe ich immer etwas übrig, Margit nicht so sehr. Ich bin schon neugierig, was die auf der Post machen, denn ich habe vor, mich heute

für die paar Meter zur Post nicht mehr „weiblich herzurichten". Die Verständigung ist bereits auf meinen richtigen, neuen Namen „Christina" ausgestellt. Ich habe aber kein einziges Dokument, mit dem ich mich ausweisen könnte, die sind ja im Brief, den ich jetzt abholen will.
Ich lache Margit an und meine: „Das wird jetzt sicher lustig."
Ich fahre so, wie ich bin, zum Postamt. Zuhause trage ich meistens eine Jogginghose und ein T-Shirt. Ungeschminkt, so wie ich zu diesem Zeitpunkt eben aussehe, kann man optisch nicht einmal den Hauch von Frau erahnen. Einmal schauen, wie sie reagieren. Insgeheim lache ich mir schon ins Fäustchen und male mir aus, wie sie sich weigern würden, mir meinen Brief auszuhändigen. Aber was soll ich machen? Ist doch in genau dieser Postsendung der neue Lichtbildausweis.
Ich stehe vor der Post, atme tief durch, nehme meine Verständigung aus der Tasche, halte sie fest in der Hand und marschiere, das Ziel anvisierend, auf die entsprechende Postangestellte zu. „Grüß Gott! Ich möchte hier einen eingeschriebenen Brief für mich abholen." Ich lege die Verständigung auf den Tisch. Insgeheim lache ich und warte auf den ersten verwunderten Kommentar. „Name?" „Christina Strasser!" Sie dreht sich nach hinten, sucht in einem Karteikartensystem nach dem Brief, nimmt ihn heraus, kommt zu mir, legt mir den Abholschein auf den Tisch und bittet mich, diesen zu unterschreiben. Bis zu diesem Zeitpunkt hat sie noch immer keinen Ausweis verlangt. Ich bin eigentlich ziemlich enttäuscht. So schön habe ich mir all diese kleinen Problemchen vorgestellt und ausgemalt. Wie ich mit den Postlern diskutieren würde und jetzt: Nichts von alledem. Nach Aushändigen des Briefes und meiner Unterschrift bin ich einfach neugierig und frage die Postbeamtin. „Super, dass das so schnell jetzt gegangen ist, aber woher wussten Sie, dass der Brief tatsächlich für mich bestimmt ist?" Ihre kurze Antwort erfolgt umgehend: „Tja, ich hab den Artikel

über Sie und Ihre Frau in der Zeitung gelesen. Wirklich mutig, ich gratuliere Ihnen."
Einerseits bin ich froh, dass das alles schnell und gut gelaufen ist, andererseits doch ein klein wenig enttäuscht, weil mir mein Spaß genommen wurde, den ich mir so schön ausgemalt habe, doch das einzig Wichtige ist: Ich habe wieder gültige Dokumente. Ich verlasse die Post, steige auf das Fahrrad und fahre nach Hause.
Bei dieser Gelegenheit möchte ich mich auch bei allen Behörden bedanken. Alle meine Wege sind von sehr offenen und zugänglichen Beamten begleitet worden. Dies ist leider nicht immer so. Ich weise darauf hin, dass mehrere Personen aus unserer Selbsthilfegruppe immer wieder von erheblichen Problemen mit diversen Verwaltungsbehörden berichtet haben und berichten.

Es gibt ein klares Erkenntnis des Obersten Gerichtshofs, an das sich alle Behörden zu halten haben.
Daher mein Appell an alle Behörden:
Der Gleichheitsgrundsatz gilt für alle Bürgerinnen und Bürger in Österreich. Bitte berücksichtigen Sie, mit welchen inneren Nöten und Problemen die jeweiligen Personen zu Ihnen kommen. Machen Sie diese schwierige Phase nicht noch viel schlimmer, als sie für manche schon ist. Verständlicherweise sind nicht alle Menschen in den Behörden weltoffen, und schon gar nicht muss jeder eine derartige Änderung gutheißen, aber bitte versuchen Sie über Ihren Schatten zu springen!
Alle anderen Bereiche wie Versicherungen, Wohnung, Bankkonto u. dgl. lasse ich nach und nach ändern. Obwohl auch mein Blutspenderausweis nicht mehr stimmt, habe ich ihn bis heute nicht geändert. Was ich aber unbedingt ändern will, auch wenn kein Handlungsbedarf besteht, ist meine Heiratsurkunde.

Vor einigen Jahren hat eine Transfrau die Republik Österreich geklagt, weil bis zu diesem Zeitpunkt jeder, der eine Geschlechtsanpassung durchführen wollte, sich vorher „zwangsscheiden" lassen musste. Der Staat begründete dies damit, dass es in Österreich keine gleichgeschlechtliche Ehe gibt. Wenn zwei heterosexuelle Personen miteinander verheiratet sind, anders ist es in Österreich auch heute noch nicht möglich, würden bei einer Geschlechtsanpassung plötzlich zwei Männer oder so wie in unserem Fall zwei Frauen miteinander verheiratet sein. Nach langem Rechtsstreit erhielt die Klägerin Recht. Seither ist dies die einzige Möglichkeit, eine offiziell anerkannte, gleichgeschlechtliche Ehe führen zu können.

Die Heiratsurkunde ist eines der wenigen Dokumente, das man im Leben nie mehr wieder braucht, außer man will sich scheiden lassen, aber genau die Besonderheit dieser Urkunde sagt mir: Die will ich auch!

Am 10. 10. 2012 wird unsere neue Heiratsurkunde ausgestellt. Seither sind wir in Österreich eines von sehr wenigen gleichgeschlechtlich verheirateten Ehepaaren.

Margit und ich wünschen uns, dass dieser Weg schon bald für alle gleichgeschlechtlichen Paare möglich ist.

Allen Menschen, die dies mit teils wahnwitzigen Kommentaren ablehnen, sei gesagt: Die Natur besteht nicht nur aus schwarz und weiß. Teilweise verschwimmen Grenzen, und es gibt eine unzählbare Vielfalt auf unserer Erde. Die Tierwelt schafft es ständig, sich den stetigen Veränderungen anzupassen, worauf schon Charles Darwin in seiner Evolutionstheorie hingewiesen hat. Wir sollten von ihr lernen. Öffnen wir uns für Neues, lassen wir andere so sein, wie sie es für sich als richtig empfinden, vor allem dann, wenn keinem anderen ein Leid daraus entsteht. Sehen wir es als Chance und Bereicherung und nicht als Beschränkung.

Ich lehne mich ganz sicher nicht aus dem Fenster und behaupte, dass das, was wir durchgezogen haben, die einzige Wahrheit ist. Was für uns richtig ist, muss noch lange nicht für andere passen. Ich erwarte mir ganz sicher nicht, dass jeder von meiner Änderung begeistert ist. Jedoch Respekt vor meiner Entscheidung und die Freiheit, mein Leben gemeinsam mit meiner Frau so leben zu dürfen, wie wir es für richtig erachten, lassen wohl ein Mindestmaß an Toleranz erwarten, das ich auch einfordere.

Nach wie vor kommt es immer wieder zu Erlebnissen, die ich weder nachvollziehen noch begreifen kann. Seit über zwei Jahren gehe ich nun bereits ausschließlich im weiblichen, meist eleganten Outfit zur Arbeit. Ich habe gelernt, mit hohen Schuhen zu gehen, mich zu schminken, mich zu kleiden. Wären nicht meine Größe und mein großer Drang, unbedingt extrem elegant herumzulaufen, würde ich wahrscheinlich schon lange nicht mehr auffallen.
Jeden Tag vor dem Verlassen der Wohnung blicke ich in den Spiegel und denke mir, vielleicht ein wenig eingebildet: „Ja, schaust super aus!“

Der Tag in der Arbeit verläuft ohne besondere Höhepunkte. Ich muss noch etwas Privates in der Stadt besorgen. Die Nähe der Firma zum Zentrum ist ideal, denn ich brauche mit dem Fahrrad keine fünf Minuten bis dorthin. Ich stelle mein Fahrrad ab, versperre es und spaziere die Herrengasse auf der linken Seite entlang in Richtung Hauptplatz. Vor mir geht ein Pärchen, Hand in Hand, vielleicht gerade einmal dreißig Jahre alt. Der Mann auf der linken Seite des Paares schaut während des Gehens immer wieder in die Schaufenster, an denen wir vorbeikommen. Die Spiegelung der Auslagenscheiben sowie das Lichtverhältnis bringen es mit sich, dass er mich anschei-

nend kurz in sein Blickfeld bekommt. Er dreht sich um, sieht mich, dreht sich wieder zurück und beginnt aufgeregt mit seiner Begleitung zu reden.
Dann nimmt er ihren Kopf in beide Hände und dreht ihn mit den Worten: „Das musst du dir anschauen, so *ETWAS* hast du noch nie gesehen!“, zu mir.
Ein kurzes „Was“ aus meinem Mund reicht, und die beiden drehen sich wieder um und tuscheln weiter.
Was ich Gott sei Dank in der Zwischenzeit einigermaßen leicht wegstecke, kann für andere ein Grund sein, aus der Bahn geworfen zu werden.
Ganz so witzig finde auch ich die Aussage eines wildfremden Mannes nicht, der plötzlich neben mir auftaucht. Beide stehen wir an einer Ampel und warten auf das „Grün-Werden“, um die Straße zu überqueren. Er mustert mich, schaut mir ins Gesicht und meint: „Verschwind, du dreckige Transensau, sonst stech ich dich auf der Stelle ab.“ Graz, freitags, ca. 15:00 Uhr im Hochsommer.
Warum? Warum machen Menschen das?
Leider wird es diese Menschen immer geben, aber an alle Mitstreiter: Bitte bedenkt, dass es auch viele gibt, die euch tragen, zu euch stehen und mit euch sind.
Gebt nicht auf!

Es ist üblich, dass die Familie einige Male im Jahr auch außerhalb der obligatorischen Feiertage zusammenkommt. Die Gespräche, die dabei geführt werden, sind eher oberflächlich. Dies zieht natürlich nach sich, dass es kaum Angriffspunkte und Streitereien gibt, was tatsächlich zum gewünschten Ergebnis „Frieden, Freude, Eierkuchen“ führt.
Die letzten Sommer sind heiß, und daher gibt es mehrmals Gelegenheiten für diese Treffen, und die Familie setzt sich immer wieder in einem Garten zusammen.

Margit und ich sind zu diesen Zusammenkünften eingeladen, wenngleich mir diese „Verhöre", wie ich sie empfinde, mit der Zeit auf die Nerven gehen und wir deswegen auch manch ein Treffen „spritzen".
Jetzt aber ist alles anders. Mein Outing zu Weihnachten liegt nun schon über ein halbes Jahr zurück. Ein Familienmitglied hat Geburtstag, einen runden. Ich entschließe mich, nicht hinzugehen, da ich erst relativ kurz davor aus dem Krankenhaus entlassen worden bin und ich mir diese Strapazen nicht antun will. Vielleicht ist dies der Grund, dass wir in Folge nicht mehr eingeladen werden. Vielleicht ist es auch meine Transsexualität. Bei Anlässen wie Weihnachten und Ostern treffen wir uns nach wie vor bei meinen Eltern, aber über ein Servus beim Eintreffen und ein Tschüss beim Gehen reichen unsere Gespräche nicht mehr hinaus. Selbst beim Händeschütteln kommt mir vor, als hätte man Angst, sich mit einer „Seuche" anzustecken. Manche, die früher eigentlich immer in meiner Nähe gesessen sind und sich erhofft haben, etwas Neues über mich und meinen aktuellen Job zu erfahren, wählen plötzlich einen von mir möglichst weit entfernten Platz.
Was ist es? Womit haben sie ein Problem?
Ich kann es nicht beantworten, weil ich es nicht weiß!

Tatsächlich hätte es mir schon zur Zeit meiner OP auffallen müssen, als ich in Wien im Krankenhaus liege. Obwohl alle Bescheid wissen, schickt mir niemand aus der Kernfamilie eine SMS oder erkundigt sich über meinen gesundheitlichen Zustand. Besuche gibt es schon gar nicht.
Anders hingegen meine Halbschwester.
Sie und ihre gesamte Familie besuchen mich immer wieder und geben zusätzlich auch noch Margit während meines gesamten Krankenhausaufenthaltes Quartier. Ihre Herzlichkeit hilft mir über viele meiner Kränkungen hinweg, und obwohl ich über die

Jahre abgestumpft bin, bleiben ziemlich schmerzhafte Narben zurück.

Der Gesetzgeber schreibt vor, dass mindestens ein Jahr Hormontherapie vergehen muss, bevor, wenn es überhaupt erwünscht ist, eine körperliche Anpassung des Geschlechts durchgeführt werden darf. Ich will diese Anpassung unbedingt. Für mich, und das muss nicht für alle Transgenderpersonen zutreffen, ist die operative Anpassung die Vervollständigung meines Wandels. Ich kann mir einfach nicht vorstellen, dass ich das, was mein falsches Geschlecht äußerlich ausmacht und sich nach wie vor zwischen meinen Beinen befindet, weiterhin behalte. Es ist ein Fremdkörper, der entsorgt gehört. Für mich ist eines immer ganz klar: Ich will vollständig Frau sein!
Wieder ist ein medizinischer Befund der Psychiatrie notwendig. Ich erhalte den ausführlichen fachärztlichen Befundbericht am 27. November 2012.

Der alles entscheidende Satz:
„Aus psychiatrischer Sicht kann festgestellt werden, dass Frau Strasser auch von den anstehenden operativen Schritten im Sinne der Stabilisierung ihrer weiblichen Geschlechtsrollenidentität profieren wird."
Wieder medizinische Untersuchungen:
OP-Tauglichkeit und alles, was dazugehört, und natürlich der übliche Hormonspiegel. Alles ist O.K.

Jetzt fehlt noch eines:
Eine Bewilligung der Krankenkasse für die Kostenübernahme der genitalen geschlechtsanpassenden Operation. Aufgrund meiner vollständigen Unterlagen ist dies in knapp zwanzig Minuten inklusive Wartezeit geschafft.
Ich kann es kaum glauben.

Ich habe den gesamten Weg geschafft und noch dazu innerhalb einer für die damaligen gesetzlichen Vorgaben kurzen Zeit, fast wie ein Studium in Mindestdauer. Am 13. September 2011 hat mein erstes Gespräch zur Erstellung des notwendigen psychologischen Befunds stattgefunden, der Startschuss für meinen gesamten Anpassungsprozess. Heute, am 25. Jänner 2013 halte ich die Freigabe der Krankenkasse für meine ersehnte OP in der Hand.
Es sind auf den Tag genau 500 Tage vergangen.
500 Tage, gespickt mit psychologischen und psychotherapeutischen Gesprächen, Befundungen, Blutuntersuchungen, Hormonbestimmungen, psychischen und physischen Problemen. Aber auch 500 Tage einer wunderbaren Begleitung durch meine Frau. Es sind teils beschwerliche Momente, manch einer ist nervenzerfetzend und aufreibend, jedoch NIEMALS hat es auch nur einmal einen Funken Unsicherheit gegeben, dass es nicht richtig sein könnte.
Nun stehe ich vor dem Tor eines wunderschönen Gartens voll blühender Sonnenblumen, dessen Eingang von einem Labyrinth versteckt gewesen ist. Ich habe es geschafft, mich tatsächlich durchzukämpfen, und nun brauche ich nur noch hindurchzugehen.

Endlich ist es so weit!

Eine geschlechtsanpassende Operation von Mann zu Frau (OP MzF) wird in Österreich ausschließlich in der Rudolfstiftung angeboten. Hier befindet sich der einzige auf diesen Eingriff seit Jahren spezialisierte Chirurg, der aufgrund seiner Alleinstellung über die Jahre bisher an die 400 Personen operiert hat. In Österreich erfolgen ca. 30 Operationen pro Jahr, dadurch ist keine Notwendigkeit gegeben, dass weitere Krankenhäuser, etwa in den Bundesländern, diesen Eingriff durchführen.
Es gibt mir ein sicheres Gefühl, dass ich es mit einem Spezialisten, für den dieser Eingriff bereits Routine sein sollte, zu tun habe.
Nachdem ich bereits im Dezember 2012 ein informatives Vorgespräch mit dem zuständigen Oberarzt geführt habe, kann ich jetzt, da die Kostenübernahme der Krankenkasse vorliegt, meinen Operationstermin endgültig fixieren:

Krankenhauseinrücktermin:
17. 03. 2013 / OP: 18. 03. 2013
Es ist endlich so weit, ich kann meinen Operationstermin dick und fett in meinen Kalender eintragen.

Margit und ich fahren am 16. März 2013 nach Schwechat und schlagen unser „Hauptquartier“ bei meiner Halbschwester auf. Margit wird die ganze Woche über dort wohnen können, was besonders vorteilhaft ist, denn die Rudolf-Stiftung liegt im östlichen Teil von Wien und ist mit öffentlichen Verkehrsmitteln leicht und schnell zu erreichen. Es dauert keine 30 Minuten.
Alle sind gekommen. Traude und Robert, ihr Mann, die Kinder, meine Nichten, mein Neffe und seine Tochter. Ich möchte mich bei dieser Gelegenheit bei ihnen allen bedanken, weil, obwohl

nicht mit ihnen aufgewachsen und weit voneinander entfernt wohnend, gerade sie mir das Gefühl von Familie schenken.
Es ist ein lustiger Abend und dank der vielen Personen, Gespräche, dem guten Essen und dem Spaß, den wir haben, habe ich keine Zeit zum Nachdenken. Erst als es später wird, die Ersten nach Hause gehen und der Raum sich langsam leert, kreisen meine Gedanken um den nächsten Tag.
Wie wird es mir morgen ergehen?
Ich bin gespannt und neugierig, aber Angst habe ich nicht.
Es ist Sonntag. Ich soll bereits um 07:00 Uhr im Krankenhaus sein. So steht es auf meiner Einweisung. Nun sind wir hier und gehen zur Aufnahme im Parterre der Anstalt. Weit und breit ist kein Beschäftigter zu sehen. Ein paar Patienten gehen auf und ab, manche stellen sich trotz der Eiseskälte und des starken Windes ins Freie, um eine Zigarette zu rauchen.
Nach einer Wartezeit, mir ist es sehr lange vorgekommen, taucht endlich jemand auf, der uns zumindest weiterhelfen kann. Wir sollen gleich direkt in den fünften Stock fahren und uns in der Abteilung für Urologie, Frauen versteht sich, anmelden.
Das erste Mal als Patientin auf einer Frauenstation, auch für mich eine neue und ungewohnte Situation und Erfahrung. Das Krankenhaus ist zu dieser Zeit eine einzige Baustelle, und die beiden Lifte sind für diesen riesigen Komplex einfach zu wenig. Bei acht Stockwerken und bei den vielen Menschen, die hier täglich ein- und ausgehen, ist es kein Wunder, dass es schon drei, vier Minuten dauert, bis der Lift da ist.
Als der Lift kommt, ist er innerhalb von wenigen Sekunden bis zum Bersten gefüllt, und in jedem Stockwerk bleiben wir stehen. Die Türen öffnen sich. Neue Personen steigen zu, andere wieder aus. Dann schließen sich die Türen wieder, und das Ganze wiederholt sich vier Mal. Ich denke, wir kommen niemals an. Endlich sind wir da. Wir gehen zur Stationsaufnahme und geben meine Überweisung ab. Die Schwester ist sehr freundlich und

bemüht und zeigt mir mein Zimmer. Das erste Mal in meinem Leben komme ich ins Spital und dann gleich auf die Frauenstation. Das Zimmer ist hell und freundlich. Was mich jedoch ein wenig schockt, ist die Anzahl der Betten. Insgesamt haben hier sechs Patientinnen Platz. Die wenigsten meiner Zimmerkolleginnen haben Deutsch als Muttersprache. Aufgrund der Aussprache dürften die meisten Wurzeln im angrenzenden ehemaligen Ostblock haben: Ungarn, Polen, Tschechien und Slowakei. Die Mentalität dieser Patientinnen und ihre Besucher verursachen einen ständig gleich bleibenden hohen Lärmpegel. Ich verstehe kein Wort. Ich hoffe nur, dass ich in der Nacht trotzdem ein wenig Schlaf finden werde.
Ich stelle meine Tasche an das mir zugewiesene Bett und fahre mit Margit wieder zurück ins Parterre, um die restlichen Formalitäten zu erledigen. Wieder ewig langes Warten auf den Lift. Wir geben in der Verrechnung meine Daten und den Aufnahmeschein ab, den ich auf der Station erhalten habe. Und das ist es dann auch schon.
Ich habe noch immer nichts gegessen, zumal ich ja annehme, dass heute noch einige Untersuchungen und Gespräche vor meiner morgigen Operation anstehen. Auf Nachfrage bei der Stationsschwester wird dies aber verneint, und sie schlägt vor, dass wir ins Restaurant zum Frühstücken gehen sollen.
„Frau Strasser, Sie haben noch mehr als genug Zeit. Der einzige Termin, den sie heute noch haben, ist das Gespräch mit der Anästhesistin, und das dauert noch. Die kommt garantiert nicht vor 18:00 Uhr."
Jetzt ist es gerade einmal 11:00 Uhr. Noch sieben Stunden. Ich bin mir noch immer nicht im Klaren darüber, warum ich eigentlich so früh ins Krankenhaus kommen musste. Aber nun sind wir schon einmal hier. Ich nehme meine Geldtasche, und wir fahren nun bereits zum dritten Mal ins Erdgeschoss. Das Foyer wirkt wie eine riesengroße Bahnhofshalle, in der Hunderte

Menschen ein- und auslaufen. Ein Ameisenhaufen, und wir sind mittendrin.
Endlich im Restaurant! Margit holt uns Kaffee und irgendeine Kleinigkeit zu essen, um mein Hungergefühl zu dämpfen. Ich weiß, dass heute ganz und gar nicht der richtige Tag ist, um mir den Magen vollzustopfen, auch wenn es mich vom Nachdenken abgelenkt hätte, aber viel zu essen, ist nicht unbedingt zielführend, denn schließlich würde man mir im Laufe des Nachmittags ein Abführmittel als notwendige Vorbereitung für meine OP verabreichen. Die Freude darüber hält sich in Grenzen.
Ein wenig habe ich trotzdem gegessen, und schon wieder sind wir unterwegs nach oben. Ich ziehe mich um und lege mich in mein Bett. Margit versucht mich so gut wie möglich zu unterhalten und abzulenken. Ich gebe ihr die Namen der Personen, die sie nach der OP verständigen soll.
Am Nachmittag ist es dann soweit. Die Schwester kommt mit einigen Beuteln und erklärt mir, dass ich den Inhalt, in je zwei Liter Wasser aufgelöst, trinken muss. Habe ich sie wirklich richtig verstanden?
Ich lese die Gebrauchsinformation auf der Rückseite der Packung. „Den Inhalt in zwei Liter Wasser auflösen, gut verrühren und … Zwei Liter pro Packung! Insgesamt habe ich drei Packungen bekommen. Ohne ein Rechengenie zu sein, das sind sechs Liter einer weißlichen, fast milchigen Flüssigkeit. Oh mein Gott! Ich habe zwar nie Probleme, wenn es darum geht, Medikamente einzunehmen, aber nach dem ersten Schluck ist mir klar: Ich *hatte* bis dato keine Probleme.
Das „Zeugs" schmeckt scheußlich, und wenn man es im Mund hat, wird es immer pappiger und fühlt sich so an, als würde sich das Volumen im Mund verdoppeln. Eigentlich hätte ich ein paar Mal kotzen gehen müssen, aber das wäre nicht im Sinn der Sache gewesen. Immerhin soll der Darm entleert werden. Noch habe ich jede Menge Zeit. Was ich unterschätzt habe, ist

die Wirkung des Präparats. Während ich noch nicht einmal die Hälfte getrunken habe, muss ich auch schon das erste Mal die Toilette aufsuchen. Es sollte an diesem Abend nicht das letzte Mal sein.
Margit verabschiedet sich in der Zwischenzeit von mir und fährt zu Traude und Robert. Ich hingegen darf so gegen 20:00 Uhr meine Anästhesistin kennenlernen und habe nebenbei meinen „Spaß“ mit der Flüssigkeit in mir. Das Gespräch ist recht schnell abgehandelt, und langsam versuche ich mich auf eine Nacht mit hoffentlich ein wenig Schlaf vorzubereiten. Auf mein Nachtkästchen hat die Schwester bereits die Stützstrümpfe für die Operation gelegt, über mir hängt ein Schild „NÜCHTERN“, und hätte ich nicht immer wieder die Toilette aufsuchen müssen, wäre ich schon längst im Land der Träume.
Die Nacht ist unruhig, *ich* bin unruhig. Mein Kopf ist voll mit Informationen wegen meiner OP, die ich mir zuvor bis ins Detail im Internet angeschaut habe. Ich bin so gut vorbereitet, dass ich dem Chirurgen vielleicht sogar assistieren könnte. Jetzt ist es so weit. Ich bin endlich dort angelangt, wofür ich die letzten Jahre gekämpft und gearbeitet habe.
Es ist für mich die Goldmedaille bei den Olympischen Spielen, meine persönliche Erstbesteigung des Mount Everest. Kein Ziel, das ich mir in meinem Leben bislang gesetzt habe, war nur annähernd so ersehnt wie dieses. Klar habe ich auch Angst, dass bei der OP etwas schiefgehen könnte, man weiß ja nie …
Aber ich bin in sehr guter körperlicher Verfassung, bin psychisch absolut gut vorbereitet und habe Margit an der Seite, die dies alles mitgetragen hat. Es ist mein Weihnachtsfest, mein Ostern und mein Geburtstag in einem.
Ich bin mir ziemlich sicher, dass ich mit einem absolut glücklichen Gesicht eingeschlafen bin.

Fünf Uhr.
Die Schwestern kommen zum obligatorischen Fieber- und Blutdruckmessen. Danach werde ich gebeten, mich schön langsam für die OP fertig zu machen. Ich gehe ins Bad, dusche mich, wasche mir noch einmal die Haare und putze mir dir Zähne. Danach ziehe ich mir meine Strümpfe und gleich das OP-Hemd an. Es schaut so lächerlich aus. Noch immer hält sich die Nervosität in Grenzen.
Margit ist gerade gekommen, und ich freue mich wie ein Schneekönig, dass es sich noch vor meiner Operation ausgegangen ist, sie zu sehen. Keine fünfzehn Minuten später erhalte ich von der Schwester ein Beruhigungsmittel, das so stark sein soll, dass man davon schnell einschläft und so weder von der Überstellung in als auch aus dem Operationssaal etwas mitbekommt.
Ich schlucke das Medikament. Vorher hat eine Ärztin noch die nötigen Zugänge an meinen Armen gesetzt und mir die erste von in Folge täglichen Thrombosespritzen verabreicht. „Das war's jetzt" denke ich. Margit hält meine Hand, und ich bin so etwas von nicht müde. Ich beschwere mich bei ihr, dass das Mittel nicht wirkt, und ...
Es ist ca. 15:00 Uhr, als ich im Überwachungszimmer wieder zu mir komme. Ein Arzt setzt sich zu mir und fragt mich, wie es mir geht. Ich kann nicht sagen, ob ich ihm geantwortet oder gleich wieder weitergeschlafen habe, jedenfalls hat Margit die Nachricht erhalten, dass alles gut vorbeigegangen ist.
„Ihre Frau hat zwar ziemlich viel Blut verloren, aber es ist alles gut verlaufen", ist die positive Nachricht, die man ihr übermittelt.
Ich werde in mein Zimmer überstellt. Mir ist weder schlecht, noch habe ich irgendwelche Schmerzen. Ein erster Blick unter die Decke bringt einen riesigen Verband zum Vorschein, der so wirkt, als hätte ich eine überdimensionale Windel an. Zwei Schläuche führen direkt aus diesem Verband heraus. Einer nach oben, der einen Verschluss hat, und ein anderer nach unten,

der in einen Urinbeutel führt. Mein rechter Arm hängt an einer Infusionsflasche. Zusätzlich ist da ein kleines Fläschchen mit einem Schmerzmittel.
Margit küsst mich, und ich erzähle ihr alles, was mir in den Kopf kommt. Ich rede und rede, schlafe wieder ein, beginne von vorne und schlafe wieder ein, und ich erzähle, keine Ahnung, wie lange, und ich habe keine Ahnung, was. Da ich immer wieder einschlafe und an diesem Tag ganz sicher für nichts zu gebrauchen bin, schicke ich Margit nach Hause, oder sie geht von sich aus, jedenfalls schlafe ich weiter.
An meiner Seite, direkt neben meinem Kopfkissen, liegt ein Stofftier, das Margit selbst entworfen und mit der Hand gefertigt hat. Sie hat es mir am Abend vor meiner OP geschenkt.

meine Christina
meine Liebe
mein Ein-und-Alles

Es ist eine Raupe. Eine richtig schöne, dicke, fette Raupe sogar. Sie hat einen Reißverschluss am Bauch. Ich öffne ihn und wende die Raupe wie einen Polsterüberzug.
Es kommt ein Flügel zum Vorschein, dann ein zweiter. Sie sind wunderschön. Es ist ein prachtvolles Tier. Ich stopfe die Hülle der Raupe in den Bauch des Schmetterlings. Die Raupe hat sich verpuppt, ist geschlüpft und aus der dicken, fetten Raupe ist ein wunderschöner Schmetterling geworden.

zart wie ein Schmetterlingsflügel ist mein
Gefühl für dich
unendlich unsere Liebe
ich freu mich auf die vielen „19.“ die wir
noch vor uns haben

ich liebe dich Deine Margit

Symbolträchtig, so wunderschön und liebevoll, wie es eben nur meine Frau sein kann. Ich drücke den Schmetterling an mich, und ich fühle wie er. Meine neue Hülle ist noch nicht stabil, sie ist zerbrechlich, doch meine Flügel sind bereits erkennbar. Meine

alte Hülle habe ich verlassen, und auch wenn ich heute endlich dort bin, wo ich hingehöre, ist meine alte Hülle nicht umsonst gewesen. Ich fülle mit ihr mein neues Leben, und wir sind eins.
Es ist finster. Die Nachtschwester öffnet die Tür, und ein leichter Schein fällt vom Gang ins Zimmer. Sie kommt an mein Bett und überprüft die Infusionsflasche und den Tropf. Alles ist O.K., und bevor sie noch das Zimmer verlassen hat, schlafe ich schon wieder. Bereits am nächsten Tag mache ich meine ersten Gehversuche und wider Erwarten nicht einmal so schlechte. Alles geht natürlich viel langsamer als sonst. Das Schwierigste ist das Niedersetzen und das Sitzen, obwohl ich einen Reifen als Unterlage benutze, um so den Operationsbereich zu entlasten. Noch immer habe ich keine Schmerzen, Gott sei Dank. Nicht einmal der großflächige Bluterguss tut mir weh. Er erstreckt sich vom Verband bis weit über meine linke Seite und überzieht beinahe meinen halben Oberkörper. Bei einer ärztlichen Kontrolle witzle ich, ob ich dem Operationsteam beim Umlagern von der Trage auf den OP-Tisch entglitten wäre und sie mich auf den Boden fallen lassen hätten.
Ich bin relativ schlank. Schon bei meiner Voruntersuchung hat der Chirurg an meiner Haut am Bauch gezogen und sie abgehoben. Ich habe keine Ahnung warum, habe auch nicht gefragt. Die Aufklärung folgt nun vom Arzt bei der Visite: „Frau Strasser, das großflächige, sich über Abdomen und Thorax ausbreitende Hämatom entstand, weil wir zur Ausformung Ihres neuen genitalen Bereichs aufgrund Ihrer Schlankheit mehr Hautgewebe benötigt haben. Daher mussten wir, von unten kommend, die Haut am Bauch bis an den Rand des Brustkorbs lösen. Diese wurde nach unten gezogen, und so hatten wir die nötigen Zentimeter gewonnen, mit denen wir weiterarbeiten konnten. Durch das Ablösen der Haut wurden natürlich viele kleine Blutgefäße verletzt, was keine gesundheitlichen Probleme darstellt, aber letztendlich zum Hämatom führte. Sie werden jedoch sehen,

in zwei, maximal drei Wochen wird das Meiste komplett verschwunden sein." Dafür sollte ich beinahe jeden Tag ein prächtiges Farbenspiel bewundern können. Von Tiefblau über Grün bis Gelb. Ich komme mir wie ein Chamäleon vor. Nach zwei Wochen ist das Hämatom tatsächlich größtenteils verschwunden. So habe ich zu meiner geschlechtsanpassenden Operation auch noch gratis eine Bauchstraffung, wenn auch nicht wirklich nötig, erhalten. Ich schmunzle. Wenn ich mir so bildlich vorstelle, wie sich das OP-Team an meinem Körper ausgetobt hat, bin ich froh, dass ich nicht über alle möglichen und unmöglichen auf mich zukommenden Dinge exakt Bescheid gewusst habe. Zu viel Wissen macht auch Kopfweh! Es geht mir gut, und im Laufe des Vormittags kommt die erste Visite. Nachdem mein Chirurg schon in der Früh kurz vorbeigeschaut hat, betrifft mich diese nicht wirklich, und der Tross zieht an mir vorbei, noch bevor ich überhaupt etwas fragen hätte können.
Auch in weiterer Folge werde ich von den anderen Ärzten wie ein Privatpatient meines Chirurgen behandelt. Mein Zugang zu den Venen muss neu gesetzt werden, damit er sich nicht entzündet, und zusätzlich sind wieder einige Blutproben für die Nachuntersuchung fällig. Es kommt eine Turnusärztin. Ich habe in meinem Leben schon mindestens dreißig Mal Blut gespendet, und nicht einmal gab es bei der Abnahme irgendein Problem. Meine Venen sind wie „Gartenschläuche". Mir ist bewusst, dass auch Jungärzte „Opfer" zum Üben benötigen, aber bei meinen Venen drei Mal danebenzustechen, ist wahrlich eine Glanzleistung und ein Kunststück. Sie wird immer nervöser, und ich bin ein wenig verärgert. Letztendlich gibt sie auf und verständigt ihren diensthabenden Kollegen. Dieser kommt zu mir, nimmt meine Hand, schüttelt den Kopf und bohrt die Kanüle zielgenau innerhalb weniger Sekundenbruchteile in meinen Arm. Während mein Blut in das Röhrchen fließt, wettert er vor sich hin: „Sie haben Venen wie Rohre, wie blöd muss man sein, dass man

da nicht hineinfindet." Ich hätte glatt darüber lachen können, wenn sich mein Unterarm nicht zwischenzeitlich dunkelblau verfärbt hätte und es nicht meine Venen gewesen wären.

Ich bin noch immer dick einbandagiert. Der erste Verbandswechsel ist für Donnertag anberaumt. Ungeduldig will ich diesen blöden Verband endlich loswerden, vor allem, um endlich das OP-Ergebnis sehen zu können. Ich freue mich schon, freue mich auf meinen neuen Körper und eine vernünftige Dusche. Jedoch mein Chirurg kommt nicht. Als ich am späteren Nachmittag nachfrage, wann er denn vorbeischauen wird, teilt man mir mit, dass er das Haus heute bereits verlassen hat. Hat man auf mich vergessen? Ich bin grantig. Nochmals muss ich eine ganze Nacht mit diesem „Scheißverband" verbringen. Nochmals ein Tag, an dem ich mich noch immer nicht duschen kann, und vor allem weiß ich nach wie vor nicht, wie ich da unten nun aussehe. Es nervt! Wie schon gesagt: Ich bin wirklich „angefressen". Zur Entschädigung für sein Versehen ist mein Arzt dafür am Freitag noch vor 08:00 Uhr, bevor seine Termine in der Ambulanz starten, bei mir.

Der feierliche Moment ist gekommen.
Er öffnet den Verband, entfernt meinen Katheter und die Tamponage aus meinem neu geformten Geschlechtsbereich. Ein wenig komme ich mir vor wie der Zylinder in einem Zauberkunststück, aus dem der Magier endlos lange Tücher hervorzaubert. Mein Zauberzylinder ist meine Neovagina und mein Zauberer mein Chirurg. Es wird gezogen und gezogen, und am Ende dürften so an die 10 Meter Verbandmaterial aus mir entfernt worden sein. Das Verbandmaterial ist wichtig. Es dient als Gegenstück zum außen angelegten Druckverband. Zusätzlich verhindert die Tamponage ein Zusammenklappen und Miteinanderverkleben meiner Neovagina. Die Tamponage ist zusätzlich mit einem

Antibiotikum getränkt, das die Entzündungsgefahr des Wundbereiches herabsetzt. Mein Arzt ist mit seiner Arbeit zufrieden, und ich darf endlich duschen. Margit und ich haben für diesen Fall bereits einen Kosmetikspiegel hergerichtet, damit ich mich unter der Dusche endlich vernünftig betrachten kann.
Da stehe ich nun und fühle mich wie ein Bambi auf dem Eis, noch ziemlich unsicher und wackelig auf den Beinen. Das Wasser macht das Duschbecken zusätzlich etwas rutschig, was meine Unsicherheit nur noch fördert. Es zieht und zwackt an vielen Stellen meines Unterleibs, und ein übermäßiges Strecken und Dehnen der noch nicht verheilten Operationsnarben ist nicht ratsam. Endlich kann ich mir meine Haare waschen, und ich spüre, wie sich mein auf der Haut gebildeter Film der letzten Tage langsam löst. Die Seife verbreitet frischen Duft. Endlich bin ich wieder ein Mensch.
Und dann ist es so weit. Ich nehme den Kosmetikspiegel in die Hand und halte ihn mir zwischen meine Beine. Es kommt mir wie die Enthüllung eines Kunstwerkes vor. Das Band ist durchgeschnitten, das Tuch fällt.
Das Ergebnis beeindruckt mich in zweierlei Hinsicht. Trotz der erst kurzen Zeit, die seit der OP vergangen ist, ist das optische Ergebnis tatsächlich ein Wahnsinn. Ich habe mir in den letzten Monaten immer wieder einige OPs inklusive der Ergebnisse im Internet angeschaut, aber besser und schöner habe ich es noch nie und nirgends gesehen. Ich kann zu Recht zufrieden sein. Beim zweiten Blick relativiert sich meine Freude, da ich bei genauerem Betrachten feststellen muss, dass die „Arbeit" nicht genäht, sondern geklammert worden ist. Ich beginne zu zählen und kann 40! Stück erkennen.
Vierzig Metallklammern in einem nicht ganz so unempfindlichen Bereich! Mein Jubel ist verständlicherweise ein wenig gedämpft. Eines schießt mir nämlich sofort in den Kopf: Beim seinerzeitigen Setzen der Klammern habe ich gut geschlafen,

Vollnarkose macht's möglich! Beim Entfernen würde ich das jedoch nicht tun. Kein gerade beruhigender Gedanke.
Das Hauptkriterium, um das Klinikum verlassen zu dürfen, ist die Menge des Restharns in der Blase nach dem Toilettenbesuch. Dies ist deswegen entscheidend, weil eine zu große Menge eine Harnblasen- und/oder Harnwegsentzündung nach sich ziehen kann. Nun ist mir auch klar, wofür die zweite Leitung gelegt worden ist. Nach jedem Harnlassen muss ich an der zweiten Leitung, die ein Stück unter meinem Nabel aus meiner Bauchdecke ragt, einen Harnbeutel anhängen, um so die restliche Menge des sich in der Blase noch befindlichen Harns zu entfernen und messen zu können. Ist diese größer als 50 ml, kann man sich die Entlassung gleich aus dem Kopf schlagen. Der Beutel muss als Corpus Delicti bei der Schwester auf der Station abgegeben werden, die die Menge beinhart in eine Tabelle einträgt. Schummeln ist unmöglich und auch nicht wirklich ratsam. Meine Restharnmengen sind noch immer viel zu hoch und erreichen teilweise den vierfachen Wert. Da mein Verband erst am Freitag entfernt worden ist, habe ich einen ganzen Tag zum „Üben" verloren, und es geht sich nicht mehr aus, das Krankenhaus noch vor dem Wochenende zu verlassen.
Jetzt bin ich endgültig sauer.
Die Besucher am Nachmittag treten meist in Rudeln auf und füllen unser Zimmer. Dies ist erklärbar, denn meine Zimmerkolleginnen haben, wie schon erwähnt, fast alle slawische Wurzeln, und wenn schon einmal die Familie anrollt, dann gleich der ganze Clan.
Ich fühle mich wie auf einem Bazar. Von Ruhe keine Spur. Die Männer der jeweiligen Patientinnen haben sichtlich ein Problem, dass ich mit ihren Frauen das Zimmer teile. Nicht dass sie es ausgesprochen hätten, aber in ihren Augen und Gesichtern kann ich es lesen. Für sie liegt da ein Mann mit ihren Frauen

in einem Zimmer, und viele verstehen nicht, was ich hier überhaupt verloren habe.
Ich gebe zu: Selbstverständlich hätte ich hin und wieder einen Blick auf die eine oder andere halbnackte Frau, wenn sie aus der Dusche kommt, werfen können, aber ich bin viel zu sehr mit mir selbst beschäftigt, und daher interessieren mich die Ereignisse um mich herum kaum. Aber all diese Bedenken sind ohnedies überflüssig, da ich ab sofort eine Frau bin, und das muss man/Mann akzeptieren.
Am Montag ist es endlich so weit. Noch ein abschließendes kurzes Gespräch mit meinem Arzt und Hinweisen, worauf ich zu achten hätte. Für das Entfernen meiner Klammern erhalte ich ein Instrument, mit dem jeder Arzt, ganz sicher aber jeder Chirurg, meine Klammern entfernen können sollte. Ich bedanke mich bei meinem Operateur, verabschiede mich, und endlich können wir das Krankenhaus verlassen. Ich leere den Spind, packe meine Reisetasche, und wir melden uns bei der Stationsschwester ab.
Bevor wir nach Graz zurückkehren, machen wir noch einen Abstecher bei meiner Schwester, was in eine weitere Übernachtung ausartet und mir in Folge eine saftige Strafe einbringt.
Es ist Dienstag, und wir sind bereit für die Abfahrt. Margit sitzt am Steuer, und ich habe neben ihr auf meinem „Schwimmreifen" Platz genommen. Noch einmal ein kurzes Winken, und schon sind wir unterwegs. Wochen später, als wir Post von der Verkehrsüberwachung erhalten, stellen wir fest, dass es genau diese eine nicht geplante Übernachtung gewesen ist, die uns eine Strafe für das Fahren auf der Autobahn ohne gültige Vignette eingebracht hat. Da unser Auto nicht mehr das jüngste ist, haben wir uns vor der Abreise nur noch eine 10-Tages-Vignette gekauft, die ursprünglich ausgereicht hätte, aber durch die spätere Entlassung aus dem Krankenhaus und die eine zusätzliche Übernachtung bei Traude haben wir

die Frist übersehen, und die Vignette ist abgelaufen gewesen. Shit happens!

Zurückblickend kann ich festhalten: Der Aufenthalt im Krankenhaus war wesentlich angenehmer als erwartet. Die Operation selbst glänzte durch Professionalität und Perfektion, ein großes Danke an meinen Chirurgen. Ich denke aber auch, dass meine körperliche Fitness riesige Vorteile mit sich gebracht hat, da ich tatsächlich in einem absoluten Top-Zustand gewesen bin.
All jenen, die ebenfalls diesen Schritt wählen, sei als Tipp mitgegeben, sich unbedingt im Vorfeld eine entsprechende Fitness anzutrainieren. Ihr Körper wird es ihnen danken.
Zwei Wochen nach meiner OP habe ich ein kleineres medizinisches Problem. Irgendein Teil, nicht größer als 1 x 2 cm meines neuen Genitalbereichs fällt einfach ab. Margit und ich fahren wieder nach Wien in die Rudolfstiftung, da die Plastische Chirurgie der Med. Uni. Graz eine Entfernung meiner Klammern und eine konkrete Befundung des Abstoßungsvorfalls mit folgender Begründung ablehnt: „Bitte fahren Sie dorthin, wo das gemacht wurde". Das Ablehnen der Entfernung der Klammern kann ich nicht nachvollziehen, da mir der Wiener Chirurg einen entsprechenden „Klammern-Entferner" mitgegeben und auch gemeint hat, dass das jeder Arzt machen könnte. Bei der Abstoßungsreaktion ist mir klar, dass kein anderer Arzt eine Aussage über etwas treffen würde, was er nicht gut genug kennt. Dies sind eben die Nachteile, wenn man eine Operation hat, die nur ein einziger Arzt in Österreich anbietet.
In der Rudolfstiftung angekommen, entfernt der diensthabende Arzt der Urologie, nicht mein Chirurg, da dieser nicht anwesend ist, alle meine Klammern. Die Prozedur dauert keine zehn Minuten. Ich bin erstaunt, wie unproblematisch und absolut schmerzlos dies erfolgt.
Was die Abstoßung betrifft, kann auch dieser Arzt keine wirkli-

che Aufklärung herbeiführen. Er stellt fest, dass alles nach wie vor in Ordnung ist, der Heilungsprozess sehr gut fortschreitet und dass es sich beim abgestoßenen Teil ziemlich sicher um so etwas wie eine Nahtzugabe handeln muss, die, hinter den Klammern sitzend, nicht durchblutet worden ist.

Ich bin beruhigt und habe keinerlei weitere Probleme. Wir fahren zurück nach Graz. Dies ist wohl das Unangenehmste an der Situation, da das stundenlange Sitzen, wenn auch auf meinem Reifen, nicht unbedingt behaglich ist.

Ich bin noch immer im Krankenstand. Es sind in Summe gerade einmal drei Wochen seit meiner Operation vergangen, und ich werde zu einer chefärztlichen Untersuchung in die Krankenkasse zu einem Kontrolltermin bestellt. Selbstverständlich nehme ich den Termin wahr. Mir geht es blendend, und eigentlich will ich mich bei dieser Gelegenheit gleich wieder gesund melden, zumal ich mich schon wieder auf das Arbeiten freue.

Ich werde aufgerufen. Der Chefarzt hält meinen Krankenakt in der Hand und fragt mich, welche Operation bei mir durchgeführt worden ist. Diese Frage kann ich nicht ganz nachvollziehen, zumal alles in der Akte vermerkt ist und die Operation von der Gebietskrankenkasse im Vorfeld genehmigt worden war.

Ich denke mir: „ O.K. Was soll's. Dann erzählen wir es ihm halt noch einmal." Ich habe das Wort „Geschlechtsanpassung" noch nicht einmal fertig ausgesprochen, schon meint er: „Sie bleiben noch drei Wochen zu Hause." „Wie, drei Wochen? Ich möchte am Montag wieder arbeiten gehen." „Nein, das tun Sie sicher nicht."

Ich denke, dass es eher selten vorkommt, dass Patienten bei der Krankenkasse über eine Verkürzung des Krankenstands verhandeln. Ich tue das. Statt der mir „angedrohten" drei Wochen einigen wir uns auf eine Woche, mit der Auflage, mich umgehend zu melden, wenn irgendwelche Probleme auftreten sollten.

Die Erfüllung dieser Auflage ist kein Problem, zumal sich meine Firma in unmittelbarer Nähe zur Krankenkasse befindet.
Vier Wochen seit dem Einrücken ins Spital sind in Summe vergangen. Mir geht es nach wie vor hervorragend. Das OP-Ergebnis sprengt alle meine Erwartungen, und schon bald kann ich wieder mit dem Fahrrad zur Arbeit fahren. Für mich ist es nach wie vor erstaunlich, welche medizinischen „Wunder" heutzutage möglich sind.
Ich bedanke mich bei dieser Gelegenheit bei allen Ärzten und Schwestern, dem Pflegepersonal vor, während und nach meiner Anpassung. Ich habe mich in wirklich allen Situationen gut aufgehoben, beraten und von kompetenten Menschen umgeben gefühlt.

Sommer 2013

Margit und ich fahren zu Rudi und Evelyn. Rudi ist mein Halbbruder und Evelyn seine Frau. Evelyn hat ein kleines Familientreffen organisiert. Alle meine Halbgeschwister plus Partner samt den Kindern und Schwiegerkindern sind auf Besuch. Rudi und Evelyn wohnen südöstlich von Graz in einem Einfamilienhaus mit einem netten Grundstück. Nicht zu groß, aber auch nicht zu klein. Die Lage ist prima, nahe an Graz, aber doch ein wenig abgelegen. Rudi hat beim Bau des Hauses gleich einen Swimmingpool eingeplant.
Da wir aus dem Wetterbericht wissen, dass es heiß wird, haben wir unsere Badesachen eingepackt. Wir werden kulinarisch verwöhnt, dann ist für mich die Stunde der Wahrheit gekommen. Ich gehe in einen Nebenraum und ziehe mir erstmals in meinem Leben einen Bikini an. Ein äußerst ungewöhnliches, wenngleich sehr prickelndes Gefühl. Was werden meine Geschwister sagen, wie werde ich ankommen?

Selbstbewusstsein war nie meine Schwäche. Ich öffne die Tür, spaziere mitten durch den Wohnbereich und gehe die paar Stufen hinunter zum Pool. Einige meiner Verwandten liegen in den Sonnenstühlen, manch einer ist bereits im Wasser, andere trinken ihren Cocktail. Ich setze mich zu ihnen. Außer „tolle Figur" und „schaust super aus" gibt es keine Kommentare, von einem Moment auf den anderen ist alles so normal. Keiner von ihnen ist schockiert, und sie geben mir das Gefühl, dass ich für sie schon immer eine Frau gewesen bin. Unglaublich, wie liebevoll sie alle sind. Ich fühle mich pudelwohl!

An das Einkaufen in Damenabteilungen habe ich mich schon längst gewöhnt. Da ich früher schon immer gerne für meine Frau Bekleidung und Schuhe eingekauft habe, ist diese Umstellung überhaupt kein Problem. Selbst beim Kauf meiner ersten Unterwäsche im gefüllten Geschäft sind mir eventuelle Blicke ziemlich egal.

Es ist selten, aber immer wieder vorgekommen, dass ich noch im männlichen Outfit kurz in ein Geschäft hineingegangen bin, weil mir irgendwas gefallen hat. Dann ist die Aufmerksamkeit der anderen Kunden doch ein weniger größer gewesen. Vor allem, wenn ich im Schuhgeschäft High Heels oder Pumps anprobiert habe. Die Blicke der übrigen Kunden sind an mir geklebt. Ich habe ihr Entsetzen noch gesteigert, indem ich aufgestanden bin und einige Versuchsschritte mitten durch das Geschäft gemacht habe. Dabei habe ich dem einen oder anderen in die Augen geschaut, hin und wieder habe ich es geschafft, auch ein: „Schauen eh super aus, oder?" anzubringen.

Ich habe dabei eher Spaß gehabt; bis heute habe ich niemals ein wirkliches Problem in einem Geschäft. Ganz im Gegenteil. Vor allem am Anfang, als ich wirklich noch nicht so 100%ig sicher gewesen bin, sind mir viele, hauptsächlich Verkäuferinnen, zu Hilfe gekommen. Ich glaube, dass vielen meine Selbstver-

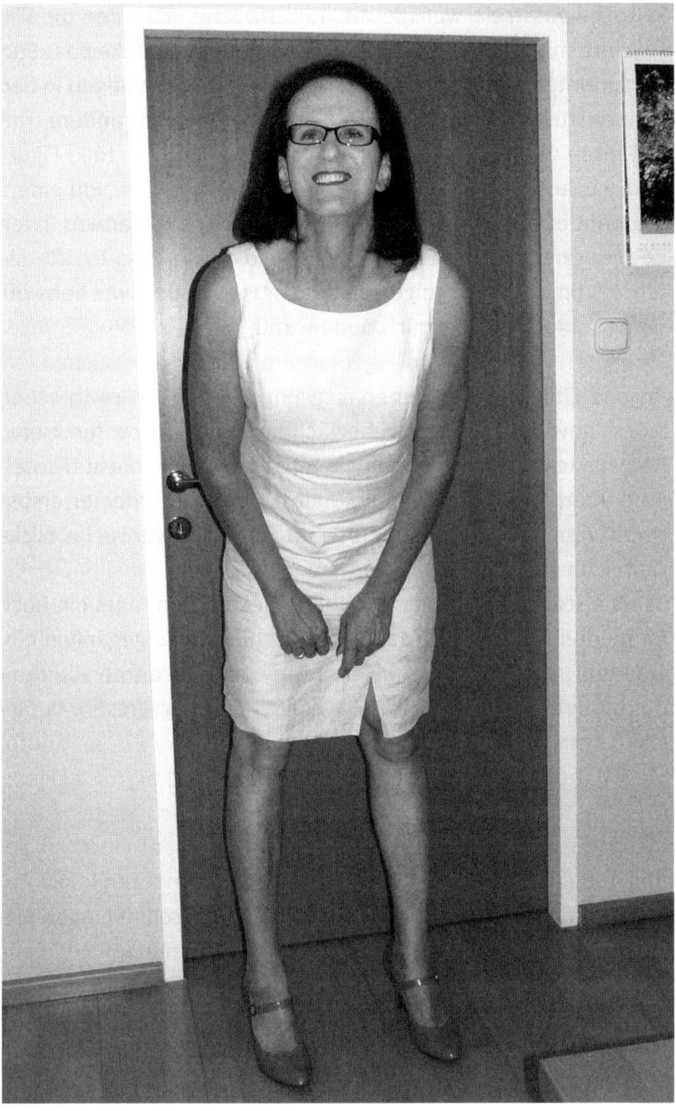

Christina Sommer 2013 nach OP

ständlichkeit, mein energisches und sicheres Auftreten gefällt. Außerdem bin ich nach wie vor davon überzeugt, dass Frauen weit weniger Probleme mit Transsexuellen haben als Männer, vor allem, wenn es sich um Transfrauen so wie in meinem Fall handelt.
Ein Erlebnis aus den Anfängen meines Shoppens als Frau wird uns wahrscheinlich ein Leben lang in Erinnerung bleiben:
Ich finde mich nicht immer zurecht, wo was zu suchen ist, außerdem ist da auch noch immer eine gewisse Unsicherheit vorhanden. Margit ist auch in dieser Phase meine absolute Stütze. Wir gehen in ein Bekleidungsgeschäft. Gemeinsam suchen wir einige Stücke aus und gehen zum Probieren in eine Kabine. Es dauert eine Zeit, bis ich die gewählten Stücke anprobiert habe. Plötzlich wird unsere Kabinentür geöffnet. Nach Bruchteilen einer Sekunde wird die Tür ohne Entschuldigung wieder geschlossen. Margit und ich schauen uns fragend an. Aufgrund von Berichten in der Zeitung über Kunden, die sich den ultimativen Kick bei sexuellen Handlungen in Umkleidekabinen geben, über die in den folgenden Wochen zu lesen ist, sind wir uns einig, dass die ganze Aktion kein Versehen eines anderen Kunden, sondern vielmehr die Kontrolle einer Aufsichtsperson des Geschäfts gewesen sein muss.

Oktober 2013

Margit und ich fahren auf Kurzurlaub. Da wir uns am Beginn unserer Beziehung in einer Therme näher kennengelernt haben, versuchen wir diese Tradition aufrechtzuerhalten und verbringen zumindest einmal pro Jahr einige Tage im Thermenhotel.
Diesmal bin ich ein wenig aufgeregt und angespannt. Immerhin gehe ich das erste Mal öffentlich als Frau in ein Bad. Frauen kleiden sich heutzutage nicht mehr so unterschiedlich zu Män-

nern. Sie laufen mit T-Shirts und Jeans herum, in Sneakers, und überhaupt geht die Mode Richtung UNISEX. So bin ich aber nie gewesen, und das will ich auch nie sein. Mein Kleidungsstil gefällt mir, aber er fällt auch auf. Trotzdem kann ich mich im Alltag gut „kaschieren“. Schminke, Frisur, Schuhe, das alles gibt mir die Möglichkeit, mein Aussehen zu verweiblichen und ein wenig Schutz vor den Blicken der anderen zu finden.
Ich bin in einer Therme. Ich habe die Wahl zwischen Badeanzug und Bikini. Wer jemals Frauen beobachtet hat, die im Bikini einen Strand entlanglaufen, weiß, wie sehr sie gemustert und in Augenschein genommen werden.
Eine Möglichkeit, sich zu verstecken, ist nicht gegeben. Man ist Blicken ausgesetzt, und ich spüre, wie mich alle anstarren. Wahrscheinlich ist es gar nicht ganz so schlimm, aber eigentlich werden meine Frau und ich ständig beobachtet. Man flüstert, schubst sich und dreht sich fünf Mal um, weil man „ES“ noch nicht gut genug gesehen und angestarrt hat.
Jeder Anlass wird von mir genutzt, wenn es passend ist, mich elegant zu kleiden. Da das Restaurant in der Therme einen hohen Qualitätslevel hat, bietet es sich auch im Urlaub an, mich schick zu machen. Ich nehme mein Etuikleid aus dem Kasten und schlüpfe in die passenden Schuhe. Obwohl ich vorhabe, nach dem Essen nochmals ins Wasser zu gehen, schminke ich mich und föhne mein Haar. Wir betreten den Raum. Kaum haben wir uns gesetzt, fängt man an zu tuscheln.
Margit und ich verstehen bis heute nicht, dass Menschen glauben, wenn sie sich eine Hand vorhalten und dahinter flüstern und herumfuchteln, dass das nicht auffallen würde. Anscheinend sind jene Menschen noch nicht der Kindheitsphase entsprungen, in der man glaubt, dass man unsichtbar ist, wenn man die Augen zumacht. Eine Hand versteckt noch lange nichts, und ein Sich-Wegdrehen fällt bestenfalls nur noch stärker auf.

Liebe ist …

… dem Menschen treu zu bleiben

PROTOKOLLIERT VON
JULIA SCHAFFERHOFER

Lieben gelernt haben sie sich als Mann und Frau. Als sich Helmut in Christina verwandelte, hat das an ihrer Liebe nichts verändert.

Christina und Margit Strasser sind als Frau und Frau verheiratet SUSANNE HASSLER

Sie sind ein bisschen
Hündin und Katz'. Ch
tina Strasser trägt ein graues E
kleid und makellos konturierte l
pen. Margit Strasser steckt in Ta
top, Dreiviertelhose, und ihr Ges
ist eine Make-up-freie Zone.
beiden sind Frau und Frau. Prä
ser: Ehefrau und Ehefrau. Das
per Gesetz nur möglich, weil sie
Mann und Frau geheiratet hab
Über sieben Jahre Liebe und eine
schlechtsanpassende Operation
März 2013.

Christina: Wir haben uns bei ein
Firmenevent getroffen, wo wir
beneinandergesessen sind.
mals war ich seit 18 Jahren in
ter Ehe verheiratet. In zwei S
den hat sie mich so genervt,
ich am liebsten weggerannt w

Margit: Ging mir auch so.

Christina: In Wahrheit hat m
Margit schnell durchschaut.
war mir fremd. Am nächsten
habe ich bei der Firma anger
und gefragt, wie sie heißt. Was
nicht wusste: Die Frau am Tel
war damals Margits beste Fr
din. 14 Tage später bin ich
Südafrika geflogen und habe
eine Postkarte geschickt.

Margit: Die war sehr nett. Ich d
te: Hey, der ist ja doch kein I

Christina: Am 19. April 2006,
merke ich mir, habe ich ein
Mail geschickt: Postkarte a
kommen? Ihre knappe Antwo

Margit: Daraufhin ist unser E-M
Verkehr aber rasch recht int
geworden. Nach drei Woche
sie zu Hause ausgezogen un
meine Stadt gezogen.

Christina: Ich bin von heute auf
gen gegangen – nur mit ein
Unterhosen und Socken. Ich
reue nichts, obwohl es Nega
mit sich brachte. Ich habe m
Frau und meine Kinder, dam
und 14, verlassen und heute l
keinen Kontakt mehr zu ihne

Wie wurde aus Helmut Chris

„Ich seh den Menschen, ich mag den Menschen. Ob der Mensch nun Bart oder Lippenstift trägt, ist mir wurscht!“
Margit Strasser (45), Arzthelferin

Hochzeitsreise 2007: Margit & Helmut in Südafrika

„Für mich hat die Operation alle restlichen Unsicherheiten beseitigt. Ich bin jetzt schwarz auf weiß und biologisch eine Frau. Punkt.“
Christina Strasser (47), Einkaufsleiterin

Margit: Der Mann von damals hatte viele weibliche Züge: hat gebügelt, geputzt, war sensibel und sanft. Anfangs waren es ein paar Kleider, abends, zu Hause. Ich bin gefragt worden: Hast du was dagegen? Meine Antwort: Nein, ist mir wurscht! Du bist der gleiche Mensch, egal, was du anhast!
Christina: Und du hast eindeutig den männlichen Part über. Eines Tages ist Margit mit einem Zettel heim und hat gefragt: Wollen wir nicht einmal zum Transgender-Stammtisch gehen? Es war kein klassisches Outing. Sie war von Anfang an beim Prozess dabei. Es hätte auch anders kommen können: Margit hat ja einen Mann geheiratet, weil sie einen wollte. Dann ist der plötzlich eine Frau.
Margit: In puncto Sex reden uns viele Leute an. Ich finde das witzig, früher hat auch keiner gefragt!
Christina: Sex war immer wichtig für uns. Gefühle auch. Rein rechtlich sind wir verheiratet und lesbisch: da sind wir hineingerutscht.
Margit: An den Begriff lesbisch muss ich mich erst gewöhnen. Ob hetero- oder homosexuell: Ich sage immer, wir sind ein Ehepaar. Wir haben immer gesagt, wir möchten eine Beziehung führen, in der wir miteinander alt werden. Die letzten zweieinhalb Jahre waren eine aufregende Zeit: zuerst Versteckspiel, dann Öffentlichkeit. Jetzt kehrt wieder Alltag ein. Ich seh den Menschen, ich mag den Menschen. Ob der Mensch nun Bart oder Lippenstift trägt, ist mir wurscht! Wer uns nicht so akzeptieren kann, auf den müssen wir verzichten. So haben wir das im Familien- und Freundeskreis geregelt. Basta! Froh bin ich, dass meine Tochter das mitträgt.
Christina: Ich bin erleichtert, dass Kollegen und Firma hinter mir stehen. Die Operation hat alle Unsicherheiten beseitigt. Ich bin schwarz auf weiß und biologisch eine Frau. Wenn wir durch die Stadt schlendern, falle ich, in High Heels und über 1,90 Meter groß, als Frau auf. Lustig sind auch Anrufe, in denen „Frau Strasser“ verlangt wird und ich mit meiner tiefen Stimme sage: am Apparat.

Kleine Zeitung 12.06.2013 von Julia Schafferhofer

Wir haben zwei Übernachtungen gebucht. An beiden Tagen sitzen wir am Abend am gleichen Zweiertisch. In unmittelbarer Nähe zu uns hat sich eine Gruppe von sechs oder acht Personen gesetzt; die meisten von ihnen müssen schon pensioniert sein. Es dauert nicht lange, und man beginnt zu diskutieren.
Jetzt könnte man annehmen, dass das vorsichtig und leise erfolgt, aber ganz im Gegenteil. Wenn wir zum Buffet gehen, kann man beobachten, wie sie ihre Köpfe zusammenstecken, lautstark debattieren und gestikulieren. Wir denken, dass das Ganze nach einigen Minuten uninteressant sein würde, und beachten dieses Verhalten nicht weiter. Die Diskussion aber wird immer heftiger und lauter. Wir brauchen kein übertrieben gutes Gehör, um den gesamten Schwachsinn, der da verlautbart wird, mitverfolgen zu können. Als man sich tatsächlich Gedanken macht, ob ich jetzt eine Frau oder doch ein Mann bin, reicht es uns.
Als wir am Abend das Restaurant verlassen, gehe ich noch zur Rezeption des Hotels und bitte darum, mir einen Artikel einer

Tageszeitung auszudrucken. Es ist ein Interview mit und über uns, welches ich am Handy abgespeichert habe, damit ich den Bericht, wenn ich ihn brauche, jederzeit zur Hand habe. Und jetzt brauche ich ihn. Die Rezeption erledigt dies umgehend.

Am nächsten Abend setzen wir uns an unseren Platz. Unsere Blicke durchkämmen das Lokal. Dann kommen sie. Die gleichen Personen wie schon gestern setzen sich wieder an unseren Nachbartisch. Die Diskussion über mein Geschlecht flammt erneut auf. Als Margit und ich fertig gegessen haben, geht sie zum Nachbartisch, wünscht den Damen und Herren einen schönen Abend und legt den verdutzt blickenden Herrschaften den Artikel mit den Worten: „Damit das Rätselraten endlich ein Ende hat“, auf den Tisch. Ich bin mächtig stolz auf meine Frau.

Dezember 2012

Im Dezember 2012 habe ich meinen ersten großen Kontrolltermin, Pickerlüberprüfung, wie ich es liebevoll nenne. Bevor ich aber nach Wien fahre, will ich mir unbedingt noch eine zweite Meinung über das OP-Ergebnis einholen und besuche daher das erste Mal in meinem Leben eine Frauenärztin, um eine neutrale Beurteilung des Operationsergebnisses zu bekommen. Coole Sache für jemanden, der über Jahre hinweg gewohnt war, wegen einer Prostatavorsorgeuntersuchung zum Urologen zu gehen. Jetzt nehme ich am „berühmt-berüchtigten Gynäkologen-Stuhl“ Platz.
Die Untersuchung selbst ist auf ein Minimum begrenzt, da von mir keinerlei körperlichen Probleme geäußert werden und manches wie ein PAP-Abstrich wegen fehlenden Gebärmutterhalses nicht gemacht werden muss.
Die Frauenärztin schaut sich die „Sache“ genau an und meint:

„Tja, wenn ich zehn Fotos von nackten Frauen abwärts des Nabels nebeneinander sehen würde, dann wüsste ich sofort, welche der Frauen davon Sie sind. Nicht, dass die Arbeit nicht ordentlich wäre, das Gegenteil ist der Fall. Aufgrund der Perfektion, Symmetrie und Gleichheit im Vergleich zum ‚natürlich Gewachsenen' ist dies der einzige Grund, woran man es tatsächlich erkennt." Sie lächelt und meint, dies wäre ja nicht unbedingt ein Nachteil. Auch ich grinse und bin zufrieden, sehr zufrieden sogar.
Die Nachuntersuchung in Wien bringt dasselbe Ergebnis. Ich kann zu Recht stolz auf meinen Körper und mein Aussehen sein, und das bin ich auch.
Mit meinem Selbstbewusstsein geht es steil bergauf. Nicht, dass ich mich vorher versteckt hätte, aber nun sind alle Zweifel beseitigt, und ich kann jedem, der mich anders gesehen hat, klipp und klar sagen: ICH BIN EINE FRAU! Trotzdem gibt es immer wieder Situationen, die für mich so neu sind, dass ich mit ein wenig Bauchweh an die Sache gehe.
Mein gesamter Anpassungsprozess ist immer wieder von ungewohnten Situationen begleitet, und nicht alle sind einfach zu meistern.

Es gibt sehr viele erste Male:
Das erste Mal die Wohnung in Frauenkleidern verlassen.
Das erste Mal in weiblicher Form einkaufen gehen.
Das erste Mal den Nachbarn über den Weg laufen,
in die Arbeit gehen, Verwandte, Freunde treffen.
Zufällig alten Bekannten über den Weg laufen, die keine Ahnung von allem haben.
Der erste Frauenarztbesuch,
sich das erste Mal als Frau ausweisen müssen.
Das erste Mal im Bikini in der Therme sein.
Viele, viele erste Male.

Es ist eine aufregende, aber auch sehr stressige Zeit. All jenen, die diesen Schritt ebenfalls vor sich haben, sei gesagt: Wenn es das Selbstvertrauen nur irgendwie zulässt, bloß nicht anfangen, sich zu verstecken und vor etwas zurückzuschrecken! Nur wer sich traut, wird das Leben als Frau genießen können.
Endlich kann ICH mein Leben als Frau genießen.

1982

Ich habe die Hauptschule abgeschlossen, wechsle in die Handelsakademie und bin froh, die letzten vier Jahre der Pflichtschulzeit endgültig aus meinem Gedächtnis streichen zu können. Sie alle haben meine lautlosen Schreie nicht gehört, nicht meine Eltern, nicht meine Freunde, nicht meine Lehrer.
Es sind ziemlich sicher die schlimmsten Jahre meiner Jugend. Mag sein, dass sie alle es wirklich nicht gesehen haben, aber fühlen hätte man es sicher können.
Meine persönliche Zugehörigkeit habe ich noch immer nicht gefunden.
Kann ich sie wirklich nicht erkennen, oder habe ich ganz einfach nicht den Mut dazu? Ich sitze fast über die gesamte HAK-Zeit in der zweiten Reihe, immer zusammen mit dem Klassenbesten. An der Außenseite sitzen zwei Mädchen, die ich schon aus der Hauptschule kenne. Mein Zwillingsbruder ist wie immer der Sunnyboy und, wie kann es anders sein, sein Platz ist ganz hinten in der letzten Reihe. Im Gegensatz zu mir ist er beliebt, sowohl bei den Mädchen als auch bei den Burschen.
Mir ist der Platz in der zweiten Reihe ganz recht. Mein Sitznachbar ist ein Streber, wie er im Buche steht, aber das ist mir allemal lieber als all die anderen Burschen, die mit ihrem Testosteron-Spiegel nicht umgehen können und ständig ihre „Anmachsprüche" loslassen. Solange ich mich zurückerinnern kann, haben mich diese Untergriffe fast verrückt gemacht.

Wenn ich damals nichts gewusst habe, eines war mir klar:
Ich will nie, niemals so sein wie sie.
Ich werde wie in der Hauptschule immer mehr zum Außenseiter, werde zum Weichei gekürt, bin immer der, der beim Sport niemals freiwillig in eine Mannschaft gewählt wird. Ich muss den Spott der anderen ertragen und mir den Hohn anhören. Ich sperre mich weg, verstecke mich, ohne zu wissen, wovor. Erst heute ist für mich klar, dass ich mich vor mir selbst versteckt habe, dass ich es mir einfach nicht eingestanden habe, anders zu sein. Mein Umfeld hat es auf mich abgesehen, und ich bin so verletzlich. Doch da ist keiner in meiner Nähe, der mir zu Hilfe gekommen wäre. Ich komme mir vor wie das Kind, das am Abend in sein Bettchen gelegt wird, und danach wird das Licht im Zimmer abgedreht.
Keine Wärme, kein Wohlgefühl.
Ich habe Angst, einfach nur unendlich tiefe Angst. Doch so sehr ich meinen Mund öffne, es ist mir nicht möglich, einen Hilfeschrei loszulassen, und darum schreibe ich mir meine Gefühle von der Seele.

Schon sitzen sie auf ihren Ästen.
Ihre Schnäbel sind weit aufgerissen,
ihr Gezanke durchdringt den Nebel.
Augen starren auf mich,
gleißend gelb und rot,
Signallichter, die mir den Weg weisen …
Und dann: Angst befällt mich.
Über meinen Rücken breitet sie ihre Flügel aus,
ummantelt mich,
Wärme durchfließt meinen Körper.
Der Schmerz verschwindet.
Nimm mich mit!
Es ist Zeit.

2014

Meine Hormonumstellung macht mir zu schaffen. Selbst „Biofrauen“, wie ich sie gerne nenne, haben oft mit Hormonschwankungen zu kämpfen. Ich höre die Arbeitskollegen, die sich am Kaffeeautomaten lustig machen über die hysterischen „Weiber“, die sich nicht zusammenreißen können, nur weil sie wieder ihre Tage haben. Jedem auf diese Weise so „sensiblen“ Mann wünsche ich, nur einmal im Leben diese Zustände durchmachen zu „dürfen“, dann würde er vielleicht die Frauen besser verstehen, und diese dummen Kommentare würden ganz schnell aufhören. Ich habe nie zu dieser Sorte von Männern gehört, wie auch?

Die Wirkung der „kleinen Viecher namens Testosteron oder Östrogen“ darf ich am eigenen Leib hautnah erfahren. Alle meine physischen Umstellungen sind nichts gegen die psychischen Belastungen, die ich auf diese Weise durchleben muss. Ich laufe ohne Seil und Sicherung einen extrem steilen Berggrat entlang, nie wissend, wie weit ich es noch schaffen werde.

Wie immer hat Margit auch dieses Mal den richtigen Riecher. Manchmal denke ich, dass sie mich besser kennt als ich mich selbst. Schon am frühen Morgen ist sie stutzig geworden. Sie kann meine eindeutig zweideutigen Aussagen nicht zuordnen. Sie spürt, sie weiß, wie sehr ich am Ende bin.

Es ist ein Freitag, und ich komme von der Arbeit in unsere Wohnung. Ich habe alle persönlichen Dinge von meinem Büroschreibtisch mit nach Hause gebracht. Margit kommt mir entgegen, sie hält meinen an sie geschriebenen Brief in der Hand. Er kann ohne Weiteres als Abschiedsbrief interpretiert werden. Sie küsst mich und sagt: „Du brauchst dich gar nicht erst auszuziehen, wir fahren jetzt sofort in die Psychiatrie.“

„Klapsmühle“, habe ich richtig gehört?

Ich habe panische Angst, weigere mich, flehe und schreie. Mar-

git steht vor mir, fest entschlossen, ihren Vorsatz durchzuziehen. Es ist ihr ernst. Sie versucht mich zu überreden. Ich schubse Margit zur Seite und nehme meine Tasche, die von der Arbeit noch ganz in unserer Nähe liegt. Margit bittet mich und hält mich fest. Ich aber reiße mich los und laufe, laufe die Stufen im Stiegenhaus hinunter. Ich höre noch, wie sie mir nachruft: „Wenn du jetzt gehst, dann rufe ich die Polizei".
Ich nehme unser Auto und fahre, fahre einfach weg. Kein Ziel, kein Plan, einfach fort. Nach einigen Kilometern stelle ich mich auf einen Parkplatz und rufe Margit an. Sie versucht mich wiederholt zum Nach-Hause-Kommen zu überreden. Es hilft nichts. Ich habe Angst, Angst vor der Situation, Angst vor der Polizei, Angst, in die Psychiatrie zu müssen. Ich lege auf.
Was nun? Ich kann und will nicht den ganzen Abend herumfahren, im Auto verbringen, und was ich schon gar nicht will, ist, dass sich Margit zu viele Sorgen um mich macht.
Ich rufe erneut an. Es läutet zwei Mal. Es meldet sich ein Beamter der Polizei. Margit hat tatsächlich die „Bullen" gerufen. Jetzt ist eine Umkehr für mich überhaupt nicht mehr möglich. Ich sitze in der Falle.

Der Stier wird zum Schlächter gekarrt, und die Schlinge um ihn wird enger und immer enger. Kein Entkommen, keine Chance, keine Alternative, kein Ausweg. Ein letztes Mal bäumt er sich auf, versucht zu fliehen, doch alle Tore sind verschlossen. Die letzte Brücke, der letzte Steg bricht ein. Der Schweiß steht ihm auf der Stirn, er dampft, er schnaubt, er …

Ich nähere mich mit dem Auto unserer Wohnung. Als ich um die letzte Ecke biege, sehe ich das Auto der Polizei direkt vor unserer Eingangstür stehen und wie Margit mit den Beamten redet. Ich wende und stelle den Wagen einige Parallelstraßen von uns entfernt ab. Ich versuche an Margit heranzukommen, ohne dass

mich die Polizei entdeckt, diesmal zu Fuß. Wieder wende ich und laufe kreuz und quer durch die Gassen. An jedem Straßenende prüfe ich wie ein Schwerverbrecher, ob der Weg frei ist. Ich laufe weiter, laufe und quere eine weitere Straße. Sie ist O.K. Doch als ich mich mitten auf ihr befinde, kreuzt plötzlich ein Polizeiauto, einige Meter von mir entfernt, die Straße. Ich drehe mich sofort um und gehe in die entgegengesetzte Richtung. Sie haben mich nicht gesehen, sie haben mich nicht gesehen, sie haben mich nicht …
Auch das Polizeiauto hat gewendet. Ich höre, wie neben mir ein Auto langsamer wird und an meiner Seite heranfährt. Ich wage es nicht, mich zur Seite zu drehen. Ich spüre ihre Blicke. Die Fensterscheibe des Beifahrers wird hinuntergelassen, und der Polizist beginnt auf mich einzureden.

„Frau Strasser, das macht doch alles keinen Sinn. Steigen Sie doch ein, und wir fahren mit Ihnen und Ihrer Frau in die Klinik." Sie fahren ein Stück nach vor, halten und steigen aus. Margit ist dabei. Sie nimmt mich an der Hand. Ich verspreche ihr, dass wir umgehend in die Klinik fahren, wobei ich mir wünsche, das Ganze OHNE Polizeieskorte zu tun.
Ein weiteres „Fliehen" hätte keinen Sinn gehabt. Margit hat mir bewiesen, dass sie es ernst meint, und zusätzlich ist mir klar, dass sich die Polizei spätestens in einer halben Stunde wieder bei ihr melden wird. Bei einem neuerlichen Aufgriff durch sie wäre der gemeinsame Weg in die Klinik unumstößlich gewesen, und das will ich auf jeden Fall vermeiden, denn gefunden hätten sie mich auf jeden Fall.
Margit und ich kehren um. Wir holen das Auto und fahren in die nahe gelegene Klinik. Wir melden uns an und werden gebeten zu warten. Meine Blicke schweifen durch den Raum. Pfleger und Schwestern haben dicke Bündel mit Schlüsseln. Jeder Raum, der verlassen wird, wird danach auch umgehend

wieder versperrt. Die wenigen herumspazierenden Menschen haben tote Augen, und es scheint, als ob sie in Trance wären.
Ich will unter keinen Umständen hier bleiben, ich bin doch nicht verrückt!
Wir werden aufgerufen. Margits Augen sprechen Bände. „Hoffentlich muss sie nicht hierbleiben".
Meine ersten Ängste verfliegen. Die Psychiaterin, die mir gegenübersitzt, wirkt nett und ganz anders, als ich sie mir vorgestellt habe. Das Gespräch dauert fast eineinhalb Stunden. Mit einem Rezept in der Hand und meiner Zusage, mir nichts anzutun, darf ich gehen. Margit bekommt die Auflage, sich bei jeder Kleinigkeit zu melden. Wir marschieren zum Auto. Nur zehn Minuten später sind wir zu Hause.
Margit und ich weinen. Wir setzen uns gemeinsam auf unsere Couch, und sie beschreibt mir all die Qualen, die sie durchgemacht hat. Einige Tage später schreibe ich ihr einen Brief, in dem ich mich für ihr Verhalten bedanke.

Liebe Margit!
Ich kann mir denken, wie es dir gegangen ist, und kann dir nur eines sagen: Die Polizei zu rufen, war eine der schönsten Liebeserklärungen, die du mir je gemacht hast.
Welcher Druck, welche Last musste auf dir liegen, dass du deine Liebste gegen ihren Willen und wenn nötig mit Hilfe der Polizei in die Psychiatrie einweisen lassen wolltest.
Es war ein Liebesbeweis, der alle Grenzen sprengte, der größer nicht sein kann.
Glaub mir! DU hast alles richtig gemacht, bist deiner Intuition gefolgt, hast auf deine Liebe gehört. Du hast es richtig gemacht. Ich danke dir!

Die Gespräche mit Margit und die Medikamente fruchten. Schön langsam baue ich meinen innerlichen Stress ab und werde endlich wieder ruhiger. Sowohl für Margit als auch für mich selbst ist das eine enorme psychische Entlastung. In der Zwischenzeit geht es mir absolut gut, und ich fühle mich freier und besser als in meinem bisherigen Leben. Manchmal, wenn ich nachts nicht schlafen kann und neben Margit liege, dann starre ich durch das Dunkel der Nacht an die Decke und frage mich, wie sie das alles bloß ausgehalten hat.

Es wird immer wieder spannende, lustige, aber auch schlimme Erlebnisse geben. Bei einem Besuch in meiner Zweitheimat, in St. Lambrecht, ereignet sich etwas für mich besonders Lustiges. Ich habe mir vorgenommen, einige meiner ehemaligen Kollegen und Freunde zu besuchen. Ich vereinbare Termine und fahre nach St. Lambrecht. Diesmal bin ich auch bei meinem ehemaligen Hausarzt eingeladen. Wir haben uns für Freitagabend verabredet.
Ich läute an der Tür, die Frau des Doktors öffnet. Wir begrüßen uns herzlichst und haben einen wirklich schönen Abend. Um ca. 22 Uhr, ich habe beschlossen, in St. Lambrecht zu übernachten, verabschiedet sich die Tochter des Hauses von uns, da sie noch in den Markt gehen will. Ein wenig erstaunt, dass man um diese Uhrzeit überhaupt noch ein offenes Lokal findet, entschließe ich mich spontan, mit ihr mitzugehen.
Wir fahren zum Lokal, wo wir uns mit einigen ihrer Freunde treffen wollen. Das Lokal wird von einer meiner ehemaligen Bekannten geführt. In meiner Zeit in St. Lambrecht sind wir gemeinsam im Elternverein der Schule tätig gewesen. Die Tochter des Arztes öffnet die Tür, und wir betreten das Lokal. Es sind noch immer einige Besucher anwesend, die meisten sind ehemalige Arbeitskollegen. Wir setzen uns ins letzte Eck, wo einer ihrer Freunde bereits auf uns wartet. Ich stelle mich vor, da er

mich nicht kennt. Auch der Lokalchefin gebe ich mich zu erkennen. Der Rest des Lokals schaut zwar, aber kann mich nicht wirklich zuordnen. Der Abend geht bereits auf Mitternacht zu, als einer der Anwesenden nach bereits stärkerem Alkoholgenuss beginnt, Fragen, aber auch Komplimente an mich zu richten. Er sitzt im Lokal ziemlich genau schräg gegenüber von uns. Nach den ersten Fragen, was denn eine so schöne Frau in St. Lambrecht mache und woher ich denn komme, rückt er immer näher. Nach einer Viertelstunde ist er bereits am Nachbartisch angekommen. Jetzt wechselt er endgültig zu uns und setzt sich neben mich. Noch immer erhalte ich Komplimente, und ich spiele mit. Als er jedoch meine Hand in seine nimmt, breche ich die Aktion ab. Ich lächle, schau ihn an und sage: „Sag einmal, kennst mich nicht mehr?“
Die tiefe Stimme lässt ihn stocken, und ich meine weiter: „Hallo, ich bin’s, dein ehemaliger Arbeitskollege“.
Da erkennt er, wer vor ihm sitzt.

Immer wieder erinnere ich mich an die Aussage von Margit, dass nach all der aufregenden Zeit nun endlich Alltag eintreten wird. Ich habe sie leider enttäuschen müssen. Bei Transmännern ist ein Alltag eher möglich, bei den meisten Transfrauen trifft das leider nicht zu. Immerhin bin ich 182 cm groß und habe nach wie vor eine tiefe, männliche Stimme. Auch wenn ich mich in meinem jetzigen Outfit wohler fühle denn je und ich laut vielen meiner Freunde und Bekannten besser mit High Heels laufen kann als die meisten Frauen, werde ich immer auffallen. Eine Situation, die nach wie vor belastet. Ein Umstand, der vor allem meine Frau belastet. Solange die Umwelt noch nicht so weit ist, Transsexualität als normal anzusehen, noch immer getuschelt und mit versteckten Fingern auf uns gezeigt wird, können wir nicht mehr so frei, wie wir es uns wünschen, in der Öffentlichkeit unterwegs sein.

Das schmerzt, und vor allem haben wir uns dadurch entfremdet.
Wir unternehmen kaum noch etwas gemeinsam. Margit ist es unangenehm, sich in der Öffentlichkeit mit mir zu zeigen. Und trotzdem:
Ich werde niemals aufgeben, werde mich als die, die ich bin, hinstellen, denn ich habe das Recht auf mein Leben. Ich werde aber niemals aufhören, meine Frau zu lieben! Wenn es für sie richtig und besser ist, ein Leben ohne mich zu leben, dann werde ich sie wohl gehen lassen müssen, auch wenn es noch so weh tut.

Was mir meinen Weg erst ermöglichte, waren all die Menschen, die ich in meinem Leben kennenlernen durfte. Viele Kontakte entstanden durch meine Jobs, manch einer erst, nachdem ich mich geöffnet habe, ein paar durch meine Hartnäckigkeit, aber alle durch meine Art, auf die Menschen zu- und mit ihnen umzugehen.

An meine wichtigsten Begleiter:

Für Margit:
Ich danke dir für unser gemeinsames Leben. Dafür, dass du zum richtigen Zeitpunkt immer für mich da warst, dass du meine Entwicklung oftmals über unsere Beziehung gestellt hast und so häufig den richtigen Riecher hattest. Dein Leben wurde durch meines wesentlich schwieriger. Du verlorst einen deiner größten Schätze, deine Anonymität, wurdest plötzlich ins Rampenlicht katapultiert, ohne es zu wollen. Oftmals erhalte ich Komplimente und Zuspruch von der Umwelt, welchen Mut ich doch gehabt hätte, das alles durchgestanden und erreicht zu haben. Doch es ist nicht alleine mein Verdienst. Ein Großteil davon beruht auf deiner Liebe und deinem Verständnis für mich.
Nachträglich betrachtet, führte mich jeder Schritt, den ich ging, näher an das heran, was ich sein musste, und entfernte sich vom dem, was ich für dich einmal war. All die Blicke, die du auf dich genommen hast, die Kommentare aus der Verwandt- und Bekanntschaft, die du dir anhören und ertragen musstest, zeugen davon, dass vor allem dir Respekt gebührt.
Du hättest es dir wesentlich leichter machen können, hättest sagen können: „Ich liebe dich, aber ich kann damit einfach nicht leben, ich wünsche dir alles Gute und hoffe, dass du dein Glück findest."
Doch nicht du. Du machtest genau das Gegenteil. Du nahmst vom ersten Tag an aktiv an meinem Anpassungsprozess teil, oftmals führtest du ihn an. Du warst Begleiterin und Stütze. Auch ich hatte mir diesen meinen Weg nicht wirklich ausgesucht, aber deine Angelegenheit war er nie.
Und doch warst du da, über all die Zeit. Seit dem Tag, an dem uns das Schicksal zusammenführte, warst du an meiner Seite, warst diejenige, die mit ihrer Feinfühligkeit den Prozess überhaupt erst so richtig ins Laufen brachte. Und trotzdem gab es auch bei

uns Momente, da wollten wir beide nicht mehr, wollten aus der Beziehung hinaus und am liebsten alles „hinschmeißen“. Dass wir es nicht taten, lag an der Liebe und Wertschätzung, die du für mich empfunden hast und die wir uns geschenkt haben.
Und dennoch: Aus irgendeinem Grund ging unsere Liebe dann doch noch verloren. Mit ihr starb für dich all das, was uns über all die Jahre begleitet und gestützt hatte.

Für Kathrin:
Du lerntest mich „nur“ noch als Frau kennen und gabst mir von Beginn an das Gefühl, dass es richtig ist.
Wenn du mich deinen Freunden und Bekannten gegenüber erwähntest oder vorstelltest, war eines für dich sonnenklar: Christina ist ein Frau, unumstößlich. Du ließest mich wachsen, und an grauen Tagen schien durch dich die Sonne. Du gabst mir Wärme und wunderbare Gedanken. Mein Leben wurde durch dich, verzeihe mir den Vergleich (du weißt warum), zu einem Feld über- und übervoll mit tausenden Sonnenblumen.
Strahlend, stark, standhaft.
Ohne dich, liebe Kathrin, hätte ich den Endspurt niemals durchgestanden, bis zuletzt warst du bei mir und versuchtest mir Halt und Kraft zu geben.
Du bist mit Abstand die wunderbarste Frau, die ich als Arbeitskollegin hatte. Ich danke dir so sehr.

Für Walter:
Die Liebe meiner Frau trug mich, doch du hast mir, ohne dass du es wusstest, das nötige Werkzeug für meinen Weg gegeben. Erst die Hartnäckigkeit, die du mir auf recht heftige Weise anerzogen hast, das Konzentrieren auf den eigenen Willen, leistete letztendlich einen wesentlichen Beitrag, meinen Prozess anzugehen und ihn durchzustehen. Diese Worte hast du mir in mein Hirn gemeißelt: „Mach es nicht irgendwann, mach

es JETZT! Bevor du ein Projekt startest, bereite dich darauf vor. Wenn du einmal schlecht vorbereitet in eine Verhandlung gehst, dann schmeiß ich dich sofort aus dem Einkauf raus."
Ich denke, ich war ein „braver und lernwilliger Schüler" und habe meine Aufgaben gemacht. Wo ein Wille ist, da ist auch ein Weg.
Diese Willenskraft fand ich durch dich.

Für Claudia:
Wenn es einen Begriff für die Ärztin schlechthin gäbe, die kompetent ist und knapp an der Grenze des Perfektionismus kratzt, dann, liebe Claudia, müsste dieser Begriff nach dir benannt werden.
Ich wünsche mir, dass deine Art und Weise, wie du mit deinen Patienten umgehst, dein Gefühl für den Menschen ein echtes Vorbild für viele andere Mediziner ist.
Wenn ein Körper oder Geist einer Reparatur oder eines Services bedarf, dann wünsche ich jedem, dass er eine solche Werkstättenleiterin wie dich vorfindet.

Für Erna:
Mag sein, dass du dich wunderst, dass du hier stehst, doch gerade du hast mir in meiner HAK-Zeit die wichtigsten Werte vermittelt und mitgegeben. Glaub mir, es kommt nicht von irgendwo, dass ich dich jetzt, nachdem ich endlich das bin, was ich schon immer hätte sein sollen, wiedergefunden habe.
Du lehrtest mich neben deinem eigentlichen Fach Werthaltungen wie:

Gemeinschaft und Respekt
Miteinander und nicht Gegeneinander
Einsatz für einander
Rücksicht und Verständnis

Nicht für die Schule, sondern für das Leben lernt ihr. Ein Satz, den wir wahrscheinlich alle irgendwann einmal von unseren Lehrern oder Großeltern gehört haben.
Du, liebe Erna, hast mich tatsächlich das Leben gelehrt und hast einen großen Anteil daran, dass ich heute auf meinen eigenen Beinen stehen und gehen kann.

Für Iris:
Von allen meinen Lieferanten danke ich dir am meisten, denn schließlich wurdest du zu so etwas wie meinem persönlichen Schutzengel. Du warst einfach zur richtigen Zeit am richtigen Ort.
Neben all deinen Fachkenntnissen bist du eine Frau, die trotz der Härte des Geschäftslebens nicht verlernt hat, Mensch zu bleiben, Gefühle zu haben, einfühlsam zu sein.
Vor Monaten habe ich dir einen Schutzengel geschenkt, der jetzt in deiner Wohnung steht und hoffentlich gut auf dich aufpasst.
Einmal muss ich es dir noch sagen:
Ich brauche ihn nicht mehr länger, und jetzt passt er auf dich auf, denn mein Schutzengel warst und bist du. Ich bin mir sicher, dass du auch weiterhin, wie auch immer du das schaffst, auf mich aufpasst.
Es ist einfach wunderbar, dass du mir passiert bist, und wenn ich zurückblicke, kann ich nur sagen:
Du warst mein Geschenk! Danke für die Zeit, für dein Zuhören, für deine liebevollen Gedanken, für dein Vertrauen.

Für meine beiden Kinder:
Ich kann die Wunden, die ich euch zugefügt habe, nicht wieder gut machen, und ich weiß genau, dass die Zeit nicht immer alles heilt. Ich hoffe trotzdem, dass ich es mit diesem Buch geschafft habe, euch eine Erklärung zu vermitteln, warum das alles so

gekommen ist. Ihr wart nie ein Grund, dass ich aus unserer Familie ausgebrochen bin, ganz im Gegenteil. Lange Zeit habe ich versucht, solange es für mich in meiner Situation erträglich war, bei euch zu bleiben, und ich hoffe, dass ich in dieser unserer gemeinsamen Zeit der liebevolle Vater für euch war, den jedes Kind braucht.
Es tut mir zutiefst leid, dass ich euch verletzt und im Stich gelassen habe, doch bitte versucht mich zu verstehen. Wenn es einen anderen Weg für mich gegeben hätte, ich hätte ihn gewählt.
So bleibt mir nur die Hoffnung, zumindest in euren Gedanken bei euch zu sein, so wie ihr auf ewig in meinen seid und sein werdet.

Für alle meine Geschäftspartner:
Gerade in der Zeit meiner Umstellung war es auch für Sie nicht immer einfach mit mir. Sie gaben mir Zeit, mich zu positionieren und mich neu aufzustellen.
Ich habe eine Geschäftsbeziehung immer schon als Partnerschaft gesehen, nicht erst, seit dieser Begriff modern geworden ist. Daher ersuche ich Sie, den Vergleich zu entschuldigen, aber mein persönlicher Boxkampf war eröffnet, und ich war getroffen. Ich musste versorgt, genäht werden, und Sie versuchten nicht, die Situation zu Ihrem Vorteil zu nutzen. Sie warteten und gaben mir die Zeit, den Ring kurzfristig zu verlassen, bis ich wieder fit war. Fairness, ebenfalls ein Modewort, aber gerade das steht für Sie alle.
Viele meiner Lieferanten wurden zu echten Freunden und sind Teil meines Lebens geworden. Sie haben mein Leben bereichert und erweitert in einer Größe und Form, die ich mir niemals erwartet habe.
Ich danke Ihnen allen, dass ich Sie kennenlernen durfte.

Für meinen Papa:
Du warst und bist der Einzige in meiner Verwandtschaft, der mich vom ersten Tag meines Outings an sofort mit großer Selbstverständlichkeit angenommen hat, so als ob ich für dich immer schon deine Tochter gewesen wäre. Gerade du, in deinem Alter und mit deiner tiefreligiösen Einstellung, hast mich am allermeisten überrascht.
Es zeigt mir eines ganz klar: Wenn man hinter die Fassade schaut und in sich hineinhört, dann bleibt am Ende nur eines: Der Vater und sein Kind und die Liebe zueinander.

Mein Papa ist heute 77 Jahre alt und gehört damit ganz sicher nicht der sogenannten aufgeschlosseneren Generation an. Ich wünsche allen Betroffenen einen Vater wie den meinen.

Für alle anderen:
Petra aus St. Lambrecht
Hilde aus Köflach
Claudia aus Graz
Meinen Arbeitskollegen, allen voran Barbara und Birgit,
und natürlich all meinen Freuden vom Flohmarkt:
Christian und Didi, Eva, Lilli, Manuela, Sonja und Uschi, die mich vom Tag meiner Anpassung und äußeren Umstellung so angenommen haben, wie ich es nur allen Betroffenen wünschen kann. Ihr alle und „Mira Lobe“ habt einen riesigen Anteil daran, dass ich jetzt zumindest einen Teil meines Lebens so leben kann, wie ich eben bin.

Ich danke euch sehr.

Für Christina:

da lerne ich diesen Menschen kennen
höflich
klug
liebevoll
aber irgendwie anders

er verwöhnt mich
trägt mich auf Händen
und ist gleichzeitig extrem rastlos und unrund
zerrissen im Innersten
trotz allem Harmonie pur

und dann
die Erkenntnis
Gutachten
Hormonanpassung
aufregende Zeit
turbulent
emotional
viele Therapiestunden
OP

so viel Veränderung
Sehnsucht nach Alltag und Beständigkeit
starrende Blicke
Erinnerung an wunderschöne Stunden
Flüstern hinter dem Rücken
Tränen
unfähig, die blöden Sprüche zu ignorieren
hilflose Ohnmacht

meine liebe Christina,
bitte verzeih, dass ich dich so verletzt habe,
ich wünsch dir unendlich viel Glück und Zufriedenheit
Margit

Anhang:

Für den Ablauf einer Geschlechtsanpassung ist es sinnvoll, sich einen Plan zu erstellen, in den alle notwendigen Eckpunkte eingetragen sind.

Die aktuellen Behandlungsrichtlinien des Bundesministeriums für Gesundheit – Stand: 01.10. 2014

http://www.bmg.gv.at/cms/home/attachments/0/8/8/CH1454/CMS1405604065941/empfehlungen_transsexualismus_oktober2014.pdf

Für die Steiermark können die notwendigen Gutachten und Freigaben bei den nachfolgenden Stellen, Ämtern und medizinischen Einrichtungen durchgeführt werden.

Klinisch-psychologische Diagnostik:
z.B. Frau Dr.[in] Christa Schaupp
Psychotherapeutin
Kontakt:
Tel: 0676/7430801 oder 0316/672557
E-Mail: christa.schaupp@gmx.at

Therapie:
Jeder Psychologe, der mit dieser Thematik vertraut ist.
Kontakt:
z.B. Frau Mag.[a] Katharina WAGENHOFER
Klinische und Gesundheitspsychologin
Tel.: 0676/416 74 68
E-Mail: katharina.wagenhofer@praxis-schoenau.at

Erstellung eines Chromosomendiagramms
Medizinische Universität Graz
Institut für Humangenetik
Harrachgasse 21/8.
A-8010 Graz
Kontakt:
Tel: 0316-380-4111
E-Mail: humangenetik@medunigraz.at

Hormonspiegel und gegengeschlechtliche Hormonbehandlung:
Klinische Abteilung für Endokrinologie und Stoffwechsel der Universitätsklinik
für Innere Medizin
Auenbruggerplatz 15
8036 Graz
Kontakt:
Tel: 0316/385-12383
Ansprechpartner:
z.B. Frau Oberarzt Dr. Claudia Stiegler

Freigabe für die Personenstandsänderung:
Ihr gewählter Psychologe

Durchführung der Personenstandsänderung:
Wenn Geburts- u. Wohnort gleich:
Ihr Geburtsstandesamt

Wenn Geburts- u. Wohnort unterschiedlich:
Für die Änderung des Geschlechts:
Ihr Geburtsstandesamt

Für die Namensänderung:
Ihr Wohnstandesamt

Freigabe der Kostenübernahme der geschlechtsanpassenden Operation:
Ihre zuständige Krankenkasse

Für die Operation von Mann zu Frau:
Krankenanstalt Rudolfstiftung der Stadt Wien
Juchgasse 25, 1030 Wien

Kontakt: Urologische Abteilung
Vorstand: Univ. Prof. Dr. Walter Stackl
Telefon: (+43 1) 711 65 - 4807
Fax: (+43 1) 711 65 – 4809
Zuständiger Arzt: OA Dr. Kurt Angel
E-Mail: kurt.angel@wienkav.at

Weitere Informationsmöglichkeiten:

Selbsthilfegruppe Transgender Graz:
Kontakt:
c/o RosaLila PantherInnen
Annenstraße 26
8020 Graz
http: graz.transgender.at
E-Mail:
Kathi: tggruppe_kathi@hotmail.com
Margit: tg.angehoerige@gmail.com

Courage Graz:
Kontakt:
Plüddemanngasse 39/1
8010 Graz
Tel: 0699/166 166 62
http: www.courage-beratung.at
E-Mail: graz@courage-beratung.at

Die Autorin

Christina Strasser wird im Jahr 1965 im Körper eines Mannes geboren und wächst innerhalb einer Großfamilie in einer kleinbürgerlichen Stadt knapp außerhalb von Graz auf.

Ihre Kindheit beschreibt sie selbst als schwierig. Nach ihrer Scheidung 2007 heiratet sie ein zweites Mal und startet 2011 den Prozess der Anpassung des Geschlechts an ihr tatsächliches. In den Jahren ihres „Wechsels" steht ihr ihre zweite Ehefrau immer zur Seite. Die beiden Frauen sind nach wie vor miteinander verheiratet und leben in Graz.

Frau Strasser ist seit Jahrzehnten als Einkaufsleiterin in diversen Unternehmen tätig. Ihr Weg ist wohl einzigartig. Sie selbst spricht von ihrer Änderung als der größten Herausforderung ihres Lebens, aber auch vom größten Glück, das ihr jemals widerfahren ist. Sie steht für Durchhaltevermögen und Willenskraft und beweist damit, dass der schwierige Weg einer Geschlechtsanpassung beschreit- und bewältigbar ist.